Das große Ravensburger

FUSSBALL BUCH

Ravensburger Buchverlag

Liebe Fußballfreunde!

Fußball ist viel mehr als nur ein Spiel: Wenn ihr richtige Fans seid, dann ist Fußball wirklich wichtig für euch. Ihr fiebert mit eurem Team mit. Ihr seid traurig, wenn es verliert. Und ihr freut euch, wenn es siegt oder sogar eine Meisterschaft gewinnt. Deshalb habt ihr auch das Gefühl, immer mit auf dem Platz zu stehen und mitzuspielen, obwohl ihr vielleicht nur zu Hause vor dem Fernseher sitzt. Bestimmt habt ihr schon einmal einen Fußballfan sagen hören: „Wir werden das Spiel morgen gewinnen!", obwohl er selbst gar nicht mitspielt, sondern nur seine Mannschaft anfeuert. Vielleicht seid ihr ja auch selbst in einem Verein aktiv. Ihr trainiert mit eurer Mannschaft und am Wochenende kämpft ihr um den besten Platz in der Tabelle. Ihr schaut den anderen Mannschaften eures Vereins zu und feuert sie an. Oder ihr spielt mittags nach den Hausaufgaben mit euren Freunden auf der Wiese oder auf dem Bolzplatz. Wie auch immer, ob ihr selbst gegen den Ball tretet oder zuschaut: Fußball macht riesigen Spaß!

Und damit geht es euch wie Millionen Menschen auf der ganzen Welt! Denn der Ball rollt in fast allen Ländern auf allen Kontinenten. Ob Italien, England, Brasilien, Argentinien, Nigeria oder China, egal, ob arm oder reich – Jung und Alt ist „fußballverrückt". In Brasilien zum Beispiel spielen Straßenkinder barfuß mit Lumpenbällen und hoffen darauf, entdeckt zu werden. In Japan wird auf eigens angelegten Feldern auf Hochhausdächern gespielt, weil es keinen Platz für Fußballplätze gibt. In Europa kicken die Kinder in Hinterhöfen, auf Straßen und auf Bolzplätzen. Die Regeln sind überall gleich: ein Ball, zwei Tore, zwei Mannschaften. In allen Ländern werden große Mannschaften und Stars verehrt und bejubelt. Fußballfans kommen in die großen Stadien oder schauen sich die Spiele im Fernsehen an. Sie unterstützen ihre Teams bei Ligaspielen und internationalen Wettkämpfen wie der Champions League, bei Europameisterschaften, beim Südamerika- oder Afrika-Cup – und natürlich bei der Fußball-Weltmeisterschaft, wenn sich die Nationen der Welt zu einem großen Fußballfest treffen.

Vorwort

Auch ich habe mich schon als Kind in die einzigartige Atmosphäre der großen Stadien verliebt, meinen Verein angefeuert und die besten Spieler verehrt. So sehr, dass ich unbedingt einer von ihnen werden wollte. Mitglied in einem Verein zu werden, selbst aktiv zu spielen, das war eine der besten Entscheidungen in meinem Leben. Und heute spüre ich beim Spielen, wenn die Zuschauer voll dabei sind. Dann geht alles viel leichter und macht mehr Spaß. Dabei spreche ich übrigens für meine ganze Mannschaft, ob es sich um die Teamkollegen beim FC Bayern München oder um die Mitspieler bei der Deutschen Nationalmannschaft handelt. Wir Spieler wissen: Nur gemeinsam mit unseren Fans können wir unsere Gegner besiegen, und nur mit ihnen können wir uns so richtig über Erfolge freuen.

Dieses Gemeinschaftsgefühl ist das Schöne am Fußball, sowohl mit den Fans als auch innerhalb der Mannschaft: die gemeinsame Freude über ein Tor, über einen Sieg oder sogar den Gewinn der Meisterschaft. Fußball ist ein Mannschaftssport und das heißt, dass man als Team gemeinsam für ein Ziel kämpft und zusammenhält. Für mich ist auch die Fairness ganz wichtig, die man beim Fußball lernt: Im Eifer des Gefechts kann auf dem Platz viel passieren. Wichtig ist, dass man sich nach dem Spiel wieder die Hand gibt.

In diesem Buch lernt ihr die Geschichte des Spiels und seine Regeln kennen, ihr erfahrt Interessantes über die besten Spieler und Mannschaften, ihre Meisterschaften und internationalen Wettbewerbe. Und ihr findet natürlich viele Tipps und Tricks, wie ihr eure eigene Technik und Taktik verbessern könnt. Kurz gesagt: Ihr werdet zu echten Fußballspezialisten!

Und jetzt beginnt das Spiel! Gleich auf der nächsten Seite. Viel Spaß beim Lesen und beim Fußballspielen.

Euer Michael Ballack

Einführung: Rund um das Spiel

So fing alles an

Wer hat eigentlich das Fußballspielen erfunden? Das kann man so genau nicht sagen. Wahrscheinlich haben mehrere Völker auf verschiedenen Kontinenten irgendwann damit begonnen, aus Spaß gegen einen rollenden Gegenstand zu treten – und zwar bereits vor sehr langer Zeit. Die älteste Abbildung, die ein Ballspiel mit dem Fuß beschreibt, stammt aus China. Die Chinesen nannten ihr Spiel „Ts'uh-kü", das heißt: „mit dem Fuß stoßen".

Schon gewusst?

Nach den ersten Fußballregeln durften sogar Bäume und Sträucher auf dem Fußballplatz stehen. Erst später hatte man keine Lust mehr, um Baumstämme herum zu spielen. Daher wohl auch der Name „Fußballfeld".

Auch die alten Griechen und Römer spielten schon mit dem Ball: aber noch ohne Regeln, nur zum Zeitvertreib.

Die Steppe als Fußballplatz

Aus Erzählungen ist bekannt, dass es die Hunnen waren, die das Spiel nach China brachten. Die Hunnen lebten in der asiatischen Steppe. Hier gab es genügend Platz, nur wenige Bäume und auch der Boden war flach: wie auf einem modernen Fußballplatz. Es ist aber auch bekannt, dass in Südamerika schon ein Spiel mit Ball und Fuß existierte. Die Völker der Maya und der Azteken spielten es zum Vergnügen. Außerdem galt es als Training für die Jagd.

Der moderne Fußball

Die Heimat des Fußballspiels, wie wir es heute kennen, ist England. Auch die Geburtsstunde der ersten offiziellen Fußballregeln ist bekannt: Im Jahr 1863 gründeten Vertreter von Universitäten, Schulen und Fußballklubs die englische „Football Association", den ersten nationalen Fußballverband. Die damals aufgestellten Regeln bilden die Grundlagen des heutigen Spiels. Grundlagen deshalb, weil in den Jahren darauf immer noch ein paar Regelpunkte mehr aufgenommen wurden: Eckball, Elfmeter, Feldverweis und Schiedsrichter wurden erst später „erfunden".

Die Fußballbegeisterung in England war schon immer groß – egal, bei welchem Wetter und unter welchen Bedingungen!

Bei Kindern und Jugendlichen war Fußball sehr schnell beliebt. Es gab jedoch auch viel Widerstand gegen das Spiel – vor allem von Turnlehrern. Sie nannten Fußball „ungesund".

Das Spiel erobert die Welt

Englische Universitätsmannschaften, die durch Europa reisten, machten das Spiel auch in anderen Ländern populär. In Deutschland veröffentlichte 1874 ein Braunschweiger Professor die ersten deutschsprachigen Fußballregeln und gründete eine Schülermannschaft. Danach bildeten sich weitere Mannschaften an deutschen Universitäten. Erster deutscher Fußballklub war der Bremer Football-Club (1880). Der FC Vienna (1884) war der erste Fußballverein Österreichs, der FC St. Gallen (1879) der erste der Schweiz.

Nach der Gründung des Deutschen Fußball-Bundes im Jahr 1900 wurden offizielle Liga-Spiele, Meisterschaften und Pokalwettbewerbe ausgetragen. Auch in anderen Ländern begeisterten sich die Menschen für das spannende Spiel. Der Siegeszug des Fußballs rund um die Welt hatte begonnen.

Leder war lange Zeit das beste Material für Fußbälle.

Das offizielle Fußballzeitalter in Deutschland begann 1900 mit der Gründung des Deutschen Fußball-Bundes. Das Foto zeigt die deutsche Nationalmannschaft im Jahr 1908 vor dem ersten offiziellen Länderspiel gegen die Schweiz.

Der Fußballplatz

Fußballplätze sehen sehr unterschiedlich aus. Gespielt wird entweder auf Rasen, auf Kunstrasen oder auf einer dünnen Sand-, Lehm- oder Kiesschicht. Es gibt auch so genannte Mindest- und Maximalmaße für die Länge und Breite des Feldes. Aber trotz aller Unterschiede gibt es festgelegte Merkmale, die jedes Fußballfeld aufweisen muss. Jeder Punkt, jede Linie und jedes Einzelfeld haben eine bestimmte Bedeutung, und der Schiedsrichter muss darauf achten, wohin der Ball rollt.

Schon gewusst?

Jeder Verein muss dafür sorgen, dass seine Tore einwandfrei in Ordnung sind – und notfalls für Ersatz sorgen. Zu einer 75-minütigen Spielverzögerung kam es 1998 in Madrid, als Fans das Tor zum Einsturz brachten und kein Ersatztor vorhanden war. Seither stehen im Stadion von Real Madrid gleich drei Ersatztore bereit.

Manche Stadien können große Zuschauermengen fassen, etwa das Berliner Olympiastadion mit fast 76 000 Plätzen.

1 Seitenlinie
Das Feld muss zwischen 90 und 120 Meter lang sein. Wenn der Ball während des Spiels über diese Linie rollt, gibt es einen Einwurf (→ Seite 20/21). Hinter der Außenlinie befinden sich die Trainerbänke, auf der auch die Auswechselspieler sitzen.

2 Torlinie und Torauslinie
Auf den beiden Torlinien stehen die Tore. Der Platz ist zwischen 45 und 90 Meter breit. Fliegt ein Ball über eine der beiden Torauslinien neben dem Tor oder über das Tor, gibt es entweder Abstoß oder Eckball (→ Seite 20/21): je nachdem, ob die angreifende Mannschaft oder die verteidigende Mannschaft den Ball zuletzt berührt hat.

3 Mittellinie, Mittelkreis und Anstoßpunkt
Die Mittellinie unterteilt die beiden Spielhälften. Vor einem Anstoß (→ Seite 18) am Anstoßpunkt müssen sich alle Spieler, außer den beiden, die den Anstoß ausführen, in ihrer eigenen Hälfte und außerhalb des Mittelkreises befinden.

4 Strafraum
Im Strafraum darf der Torwart den Ball mit der Hand spielen. Wird hier ein Angreifer gefoult oder begeht ein Verteidiger ein absichtliches Handspiel, entscheidet der Schiedsrichter auf Strafstoß (→ Seite 24/25).

5 Torraum
Der Torraum, auch Fünf-Meter-Raum genannt, ist eine Zone, in der jeder Torwart besonders geschützt ist. Wird

er innerhalb des Torraums von einem Angreifer attackiert, bekommt er einen Freistoß (→ Seite 24/25) zugesprochen.

6 Elfmeterpunkt
Von diesem Punkt aus werden Strafstöße ausgeführt.

7 Eckraum
Bei einem Eckball (→ Seite 20/21) muss der Ball in die Eckzone gelegt werden. An jeder Ecke ist eine Fahne an einer Stange angebracht.

Um sich mit einer anderen Mannschaft zu messen, genügen ein Rasen mit den Spielfeldmarkierungen und zwei Tore.

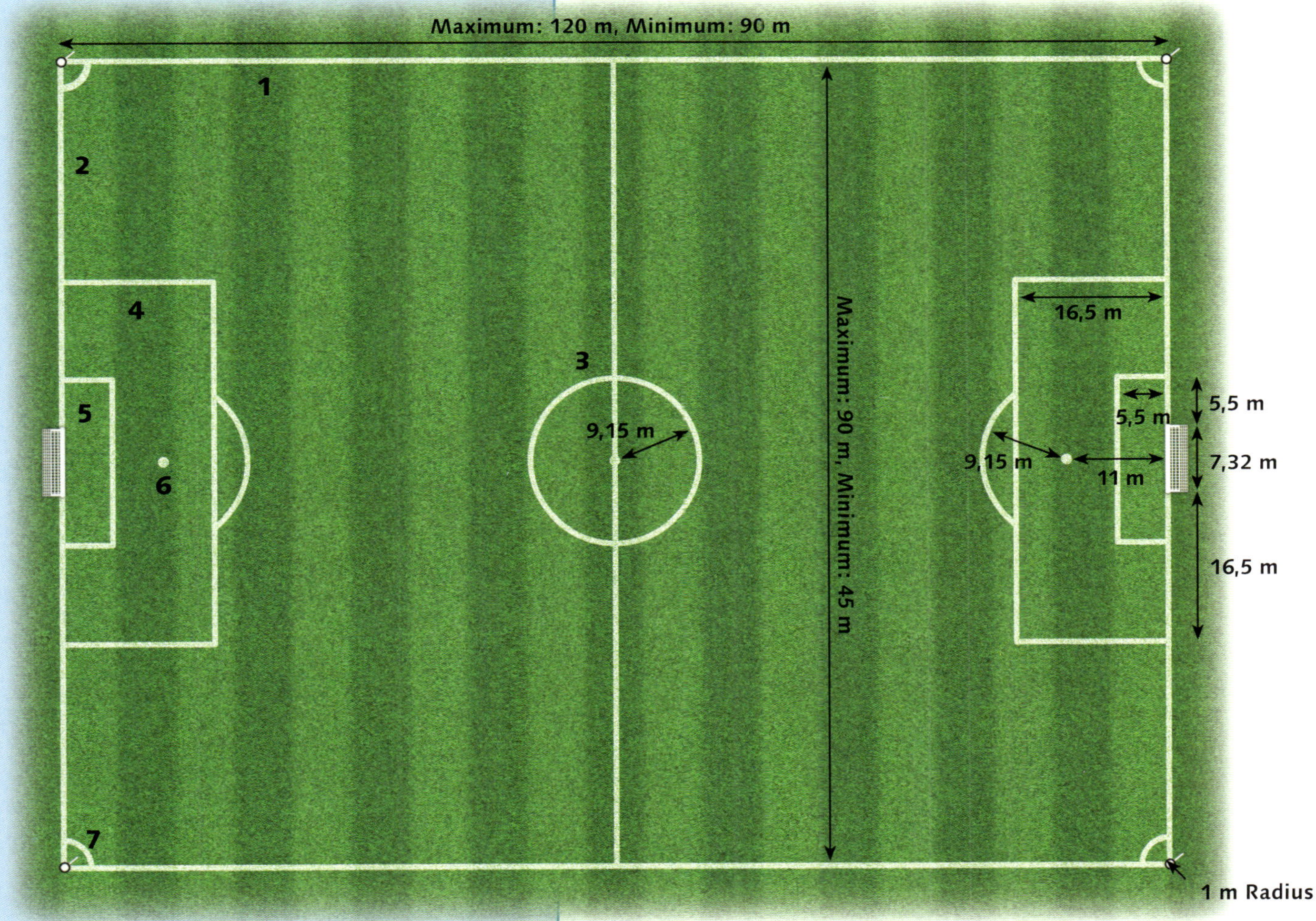

Spieler, Ball und Ausrüstung

Die Torwarthandschuhe: Sie bestehen auf der Handinnenfläche aus rutschfestem Material. Damit kann der Torhüter den Ball leichter fangen und festhalten.

Nichts ist einfacher, als ein kleines privates Fußballspiel zu organisieren. Das ist mit Sicherheit einer der Gründe dafür, warum das Spiel auf der ganzen Welt so beliebt ist. Man braucht ein bisschen Platz, ein paar Leute und irgendein Ding, das rollt. Das kann auch mal eine Dose sein, falls kein Ball vorhanden ist. Beim Vereinsfußball ist das natürlich anders. Hier gibt es festgelegte Regeln: Zum einen, damit beide Mannschaften die gleichen Chancen haben, das Spiel zu gewinnen. Zum anderen, um die Gesundheit der Spieler zu schützen. Aber seht selbst!

Optimal ausgerüstet: David Beckham im Trikot seiner Mannschaft Real Madrid

Die Ausrüstung

Die Fußballregeln schreiben für jeden Spieler eine Grundausrüstung vor: ein Jersey

Der **Ball:** Er besteht aus Leder oder Kunststoff. Sein Umfang, sein Gewicht und der Luftdruck in seinem Inneren sind in den Fußballregeln festgelegt.

Die **Fußballschuhe:** Die schwarzen Stifte in der Sohle heißen Stollen und sorgen für einen festeren Stand.

oder Hemd als Trikot, kurze Hosen, Stutzen, Schienbeinschützer und Schuhe. Ist die Ausrüstung nicht komplett, darf der Spieler nicht am Spiel teilnehmen. Außerdem dürfen keine Kleidungsstücke oder Ausrüstungsgegenstände getragen werden, die für den Spieler selbst oder einen anderen gefährlich sind. Das gilt zum Beispiel für Schmuck oder für Gipsverbände.

Das **Jersey** oder **Hemd:** Die Trikotfarben beider Mannschaften müssen sich deutlich voneinander unterscheiden lassen.

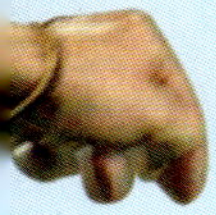

Zahl der Spieler

Wenn bei einem Fußballspiel zwei Mannschaften aufeinander treffen, darf jedes Team höchstens elf Spieler auf den Platz schicken. Einer dieser Spieler muss ein Torwart sein. Besteht eine Mannschaft vor dem Spiel aus weniger als sieben Spielern, kann das Spiel nicht beginnen.

Die offizielle Bezeichnung Auswechselspieler ist eigentlich unpassend. Besser wäre Einwechsel- oder Ergänzungsspieler.

Die **Shorts:** Sie gehören zur Grundausrüstung. Es ist jedoch nicht verboten, im Winter lange Hosen oder Strumpfhosen anzuziehen.

Die Auswechselspieler

Jede der beiden Mannschaften muss vor dem Spiel auf dem so genannten Spielberichtsbogen jene Spieler eintragen, die am Spiel teilnehmen sollen. Neben den Spielern der Startelf sind das auch die Auswechselspieler. Diese setzen sich zunächst auf die Auswechselbank. Wenn sich einer ihrer Teamkollegen verletzt, sehr schlecht spielt oder wenn der Trainer die Taktik ändert, wird ausgewechselt. In Pflichtspielen darf jede Mannschaft insgesamt dreimal auswechseln.

Die **Schienbeinschützer:** Sie sind unverzichtbar für die Sicherheit des Spielers. Die Schienbeinschützer werden in die Stutzen gesteckt und schützen vor Tritten.

Der Schiedsrichter

„Wenn der Mann in Schwarz pfeift, kann der Schiedsrichter auch nichts mehr ändern."
Andreas Brehme

Der Schiedsrichter hat den Auftrag, das Spiel zu leiten und den Fußballregeln Geltung zu verschaffen. So steht es in den offiziellen Fußballregeln. Dabei trägt er eine große Verantwortung – und das schon vor dem Spiel.

Soll das Spiel mit einem indirekten Freistoß weitergehen (→ S. 24/25), hebt der Schiedsrichter deutlich die Hand.

Vor dem Spiel

Neben der eigentlichen Spielleitung muss der Schiedsrichter darauf achten, dass alles drum herum seine Richtigkeit hat: Sind die Bälle richtig aufgepumpt? Ist der Platz, vor allem nach starkem Regen oder im Winter, überhaupt bespielbar? Sind die Spieler korrekt gekleidet und die Tornetze in Ordnung? Das sind Fragen, die sich jeder Schiedsrichter bereits vor dem Anpfiff stellen muss.

Sobald der Schiedsrichterassistent einen Verstoß gegen die Regeln erkannt hat, hebt er seine Fahne.

Während des Spiels

Der Schiedsrichter ist während des Spiels nicht nur ein „Richter", sondern gleichzeitig Polizist und Ankläger. Seine Hauptaufgabe ist es, das Spiel zu überwachen. Er nimmt die Zeit, macht sich Aufzeichnungen über besondere Vorkommnisse und unterbricht das Spiel zum Beispiel, wenn eine Regel übertreten wird.

Der Polizist und Ankläger

Beim Überwachen des Spiels ähnelt der Schiedsrichter einem Polizisten, der den Verkehr an einer Kreuzung lenkt, wenn einmal die Ampel ausgefallen ist.
Sobald er eine Regelwidrigkeit beobachtet, wechselt er in die Rolle des Anklägers.
Mit seinem Pfiff beschuldigt der Schiedsrichter jetzt den Spieler, nicht den Fußballregeln entsprechend gehandelt zu haben.

Der Richter

Außerdem fällt der Schiedsrichter als Richter sein Urteil. Dieses besteht erstens aus der so genannten Spielstrafe. Das heißt, er entscheidet, ob das Spiel mit indirektem oder direktem Freistoß beziehungsweise mit Strafstoß fortgesetzt wird. Darüber hinaus muss er sich für eine persönliche Strafe entscheiden: Hierfür kann er den „Übeltäter" bei besonders schweren Vergehen mit der gelben, der gelb-roten oder roten Karte bestrafen.

Pierluigi Collina

Geboren: 30.6.1960 in Bologna/Italien
Beruf: Finanzberater
Schiedsrichter seit: 1977
Auszeichnungen: Fünfmal Weltschiedsrichter des Jahres
Kinder: 2 Töchter

Der italienische Schiedsrichter Pierluigi Collina gilt als der beste Unparteiische der Welt. Er hat sowohl das WM-Finale 2002 als auch das EM-Finale 2004 geleitet und seine aktive Laufbahn 2005 beendet.

Die Assistenten

Eine der Hauptaufgaben der Schiedsrichterassistenten ist das Erkennen von Abseitsstellungen (→ Seite 26/27). Aus diesem Grund laufen sie während des Spiels ständig am Spielfeldrand auf und ab. So haben sie immer die beste Spieleinsicht. Doch auch bei Fouls oder absichtlichem Handspiel darf der Schiedsrichterassistent seinem Chef, dem Schiedsrichter, durch das Heben der Fahne ein Zeichen geben. Das allerdings nur, wenn die Szene in seiner unmittelbaren Nähe passierte oder der Schiedsrichter die Aktion nicht gesehen hat.

Der Einzige, der nach einem Pfiff die Entscheidung des Schiedsrichters ändern kann, ist er selbst.

In höheren Spielklassen wird der Schiedsrichter von zwei Assistenten begleitet, die ihn während des Spiels von den Seitenlinien aus unterstützen.

Wer macht was?

Bei einem Meisterschaftsspiel geht es um viel mehr als um die drei Punkte, die es zu gewinnen gibt. Deshalb sitzen im Stadion meist viele Funktionäre (also Menschen, die eine wichtige Funktion ausüben) sowie andere Leute, die fast immer mit dabei sind. Weißt du, was die eigentlich so machen?

Schon gewusst?

Betreuer, Auswechselspieler und Trainer halten sich während eines Spiels in der „coaching zone" („technische Zone") rund um die Ersatzbank auf. Sie dürfen diesen Platz nur in Ausnahmefällen verlassen. Darüber wacht der so genannte „vierte Offizielle", so etwas wie ein vierter Schiedsrichter. Er passt auf, dass sie sich gut benehmen!

Der Vereinspräsident

Er ist der Boss des gesamten Vereins und trägt die wirtschaftliche Verantwortung. Ein großer Fußballverein wird nämlich geführt wie ein richtiges Unternehmen. Schließlich geht es ja auch um viel Geld. Der Präsident genehmigt Spielereinkäufe und -verkäufe, unterschreibt die Verträge (zum Beispiel für die Fernsehübertragung), kümmert sich um den Stadionausbau, die Werbung und vieles mehr. Bei allen Entscheidungen hat er das letzte Wort.

Der Manager

Der Manager ist der wichtigste Angestellte des Präsidenten. Denn er kümmert sich um alles, was täglich im Profivereinsbetrieb so anfällt. Er ist der Vereinskontakt der Mannschaft und Ansprechpartner der Spieler, wenn es um die Gehälter oder Prämienzahlungen geht. Der Manager verhandelt auch mit anderen Vereinen über Spielerwechsel oder Ablösesummen. Gemeinsam mit dem Trainer (→ Seite 40/41) ist er verantwortlich für den sportlichen Erfolg des Teams.

Die Reporter

Auch die Menschen außerhalb des Stadions wollen schnell wissen, wie das Spiel ausgegangen ist. Deshalb schauen sich Reporter das Spiel an, damit sie anschließend darüber informieren können. Bei wichtigen Spielen berichten Kommentatoren live aus dem Stadion fürs Fernsehen oder Radio. Sie sprechen alles, was sie für bedeutsam halten, sofort ins Mikrofon.

Während eines Spiels beobachten neben dem Trainer und den Auswechselspielern meist auch der Vereinsarzt, der Masseur, der Co-Trainer und der Manager das Spiel.

Die Spielregeln: Gewusst wie!

Anstoß, Spielzeit, Tor!

Mit dem Pfiff des Schiedsrichters erfolgt der Anstoß. Damit beginnen die erste und die zweite Halbzeit. Nach einem Tor erfolgt ebenfalls ein Anstoß.

Vor dem Anstoß führt der Schiedsrichter per Münzwurf die Seitenwahl durch. Wer die Wahl gewinnt, darf sich seine Spielseite aussuchen. Das Team, das die Seitenwahl verliert, hat den ersten Anstoß. Beim Anstoß muss der Ball mit dem ersten Kontakt nach vorne, also in die gegnerische Hälfte, gespielt werden.

Spielzeit

Ab jetzt haben beide Mannschaften offiziell zweimal 45 Minuten Zeit, Tore zu erzielen. Es gibt jedoch Gründe, warum der Schiedsrichter die offizielle Spielzeit verlängert. In diesem Fall ersetzt die so genannte Nachspielzeit die verloren gegangene Zeit. Hierbei handelt es sich um die Zeit, die zum Beispiel wegen folgender Gründe während des Spiels nachgeholt werden muss:

- Auswechslungen
- Torjubel
- Verletzungen von Spielern
- der Transport verletzter Spieler vom Spielfeld
- Zeitvergeudung

Nach dem Abpfiff ist die Enttäuschung bei den Spielern einer Mannschaft oft groß – besonders wenn der Gegner in letzter Minute oder in der Nachspielzeit den Siegtreffer erzielt hat.

Halbzeitpause

Nach der ersten Spielhälfte gibt es eine Pause, die nicht länger als 15 Minuten sein darf. Sie dient zur Erholung der Spieler, des Schiedsrichters und seiner Assistenten. Auch die Zuschauer können sich jetzt Bratwürstchen kaufen, ohne eine spannende Szene zu verpassen.
In der Halbzeitpause bespricht der Trainer mit den Spielern häufig das bisherige Spiel und legt auch die Taktik für die zweite Halbzeit fest.

Das Wembley-Tor im WM-Finale von 1966 zwischen Deutschland und England ist das berühmteste Tor (oder Nichttor) aller Zeiten. Noch heute wird diskutiert, ob der Ball hinter der Linie war.

Verlängerung

Bei Pokalwettbewerben, also bei Spielen, in denen es einen Sieger geben muss, gibt es häufig eine Verlängerung. Das ist dann der Fall, wenn es nach dem Ende der regulären Spielzeit unentschieden steht. Jetzt wird das Spiel um zweimal 15 Minuten verlängert. Steht nach Ablauf dieser Zeit immer noch kein Sieger fest, wird ein Elfmeterschießen durchgeführt. Für die Zuschauer ist das immer sehr spannend, für die Spieler eine große nervliche Belastung. Die Mannschaft, die danach die meisten Strafstöße verwandelt hat, ist der Sieger.

Ein Tor ist erst dann erzielt, wenn der Ball die Torlinie komplett überquert hat.

Wann ist der Ball im Tor?

Ein Tor ist erst dann erzielt, wenn der Ball vollständig die Torlinie zwischen den beiden Pfosten und unter der Querlatte überquert hat. Die Linie selbst gehört also noch zum Spielfeld. Vollständig bedeutet, dass sich der Ball komplett über der Linie befinden muss. Berührt auch nur ein winziger Rand des Balls die Linie, ist noch kein Tor erzielt worden. Das ist häufig gar nicht so genau zu erkennen und verlangt ein gutes Auge vom Schiedsrichter und seinen Assistenten.
Ist sich der Schiedsrichter nicht zu 100 Prozent sicher, muss er das Spiel weiterlaufen lassen und darf nicht auf „Tor" entscheiden.

Abstoß, Eckball und Einwurf

Rollt der Ball während des laufenden Spiels über eine der Außenlinien, wird das Spiel entweder mit einem Abstoß, Eckball oder Einwurf fortgesetzt: je nachdem, wer den Ball zuletzt berührt hat und wo der Ball über die Linie trat. Der Ball befindet sich erst dann außerhalb des Spielfelds, wenn er die Linie im vollen Durchmesser überquert hat: ob auf dem Boden oder in der Luft.

Wann gibt es einen Abstoß?

Einen Abstoß gibt es, wenn der Ball zuletzt von einem Spieler der angreifenden Mannschaft berührt wurde und danach über die Torauslinie rollt oder geschossen wird. Das heißt, der Ball landet hinter dem Tor. Der Torwart oder ein anderer Spieler kann sich den Ball innerhalb des eigenen Torraums, auf der Seite, auf der der Ball ins Toraus ging, zurechtlegen. Danach muss er ihn aus dem Strafraum herausschießen, bevor ein Mitspieler ihn annehmen darf. Die Spieler der gegnerischen Mannschaft dürfen beim Abstoß nicht in diesem Strafraum stehen.
Mit einem weiten Abstoß kann bereits der nächste Angriff eingeleitet werden.

So sieht ein perfekter Einwurf aus! Nur selten gibt es in höheren Spielklassen einen falschen Einwurf.

Der Abstoß kann vom Torhüter oder von jedem Feldspieler getreten werden.

Übrigens: Wenn er einen sehr starken Schuss hat, kann der Schütze versuchen, den Ball direkt ins gegnerische Tor zu schießen.

Wann gibt es einen Einwurf?

Eine Mannschaft bekommt einen Einwurf zugesprochen, wenn ein Spieler der gegnerischen Mannschaft den Ball zuletzt berührt hat – und wenn der Ball danach über die Seitenlinie rollt oder fliegt.

Der Einwurf wird an der Stelle der Seitenlinie ausgeführt, an der der Ball das Spielfeld verlassen hat.
Bei einem korrekten Einwurf muss das Gesicht des Spielers in Richtung Spielfeld zeigen. Der Spieler darf nicht innerhalb des Spielfelds stehen. Er muss beide Hände benutzen – und er muss den Ball von hinten über seinen Kopf werfen.

Der Spieler, der den Eckstoß ausführt, darf den Ball danach nicht sofort wieder berühren. Erst muss ein anderer Spieler Kontakt mit dem Ball haben.

Wann gibt es einen Eckball?

Das Spiel wird mit einem Eckball fortgesetzt, wenn der Ball zuletzt von einem Spieler der verteidigenden Mannschaft berührt wurde und danach über die Torauslinie rollt oder geschossen wird. Die angreifende Mannschaft bringt den Ball vom Eckpunkt aus wieder ins Spiel. Der Schütze (ein Spieler dieser Mannschaft) legt den Ball in den Viertelkreis der am nächsten gelegenen Eckfahne.

Der Eckstoß gilt als ausgeführt, wenn der Ball mit dem Fuß berührt wurde und sich bewegt. Kein Gegner darf bei der Ausführung näher als 9,15 Meter am Ball stehen. Die Eckfahne darf bei einem Eckstoß nicht entfernt werden.

Tempo und Genauigkeit sind beim Eckstoß am wichtigsten. Außerdem sollte der Ball etwas über Kopfhöhe im Zielbereich ankommen. Langsame und sehr hohe Eckbälle können die Spieler der gegnerischen Mannschaft leicht klären.

Foulspiel und Bestrafung

Er war einer der besten Fußballer aller Zeiten: der Argentinier Diego Maradona. Bei der WM 1986 hat er bei einem Tor die Hand zu Hilfe genommen, und der Schiedsrichter hat es nicht bemerkt. Später hat Maradona gesagt, es sei die „Hand Gottes" gewesen.

Kein Spieler darf die Gesundheit seines Gegenspielers gefährden. Aus diesem Grund gibt es bei einem Verstoß gegen die Regeln außer den Spielstrafen Freistoß und Elfmeter (→ Seite 24/25) auch persönliche Strafen. Je nach Schwere des Vergehens ermahnt der Schiedsrichter den Spieler, verwarnt ihn durch das Zeigen der gelben Karte oder schickt ihn mit der roten Karte vom Platz.

Gelbe Karte

Bekommt ein Spieler die gelbe Karte gezeigt, wird er verwarnt. Das bedeutet so viel wie: „Noch einmal so eine unfaire Aktion und du darfst nicht mehr mitspielen." Der Spieler weiß dann, dass er seine Art zu spielen ändern muss. Es gibt sieben Gründe, einem Spieler eine gelbe Karte zu zeigen.

Der Spieler

- verhält sich unsportlich (etwa ein absichtliches Handspiel);
- zeigt dem Schiedsrichter durch Worte oder Handlungen, dass er mit einer seiner Entscheidungen nicht einverstanden ist (zum Beispiel Meckern);
- verstößt wiederholt gegen die Spielregeln;
- verzögert das Spiel. Er lässt sich zum Beispiel beim Ausführen eines Freistoßes extraviel Zeit, weil seine Mannschaft in Führung liegt;
- hält beim Eckstoß oder Freistoß nicht den vorgegebenen Abstand ein;
- betritt ohne die Zustimmung des Schiedsrichters das Spielfeld (zum Beispiel nach einer Verletzung, die am Spielfeldrand behandelt wurde);
- verlässt absichtlich und ohne Zustimmung des Schiedsrichters das Spielfeld.

Das Festhalten des Trikots ist unsportlich und wird mit der gelben Karte bestraft.

Der Spieler

- foult einen Gegner auf grobe Art und Weise;
- spielt gefährlich und nimmt damit bewusst eine Verletzung seines Gegenspielers in Kauf;
- spuckt jemanden an;
- spielt den Ball absichtlich mit der Hand und verhindert dadurch eine Torchance der gegnerischen Mannschaft;
- zieht die so genannte „Notbremse“. Das bedeutet, dass er einen Gegenspieler, der allein und unbehindert in Richtung Tor gelaufen ist, festhält oder foult;
- macht eine abfällige, beleidigende Handbewegung oder beschimpft den Schiedsrichter oder einen Gegner;
- erhält eine zweite Verwarnung.

Rote Karte

Wenn ein Spieler die rote Karte sieht, weiß er: Jetzt ist das Fußballspiel für ihn vorbei. Er wird vom Platz geschickt, weil er ein grobes Foul begangen oder sonst etwas Schlimmes angestellt hat. Der letzte Punkt (siehe rote Karte links) ist ein Sonderfall. Hier hat der Spieler also nicht eine schlimme Sache angestellt, sondern zwei „halb schlimme“.

Wenn ein Spieler nach einer zweiten gelben Karte den Platz verlassen muss, nennt man das: Er hat die „gelb-rote Karte“ bekommen.

Die rote Karte signalisiert dem Spieler: „Mit deiner Art zu spielen hast du auf diesem Platz nichts verloren. Runter mit dir!“

Der Tritt von hinten in die Beine des Gegners ist ein grobes Foul und wird mit einem Platzverweis geahndet.

Freistöße und Elfmeter

Bei einem Freistoß in Tornähe bildet die verteidigende Mannschaft eine Mauer. Der Freistoßschütze versucht anschließend, den Ball an der Mauer vorbei oder über sie zu spielen.

Freistöße und Elfmeter sind Spielstrafen nach einem Regelverstoß. Vor allem Freistöße in Tornähe und Strafstöße sind hervorragende Möglichkeiten, um ein Tor zu erzielen. Die Fußballregeln unterscheiden zwischen einem direkten und einem indirekten Freistoß.

Komische Maßeinheiten

Hast du dich schon einmal gefragt, warum es im Fußball so merkwürdige Maßzahlen mit Kommastellen gibt? Das liegt am Herkunftsland des modernen Fußballs: England. Die Engländer rechnen nicht mit dem so genannten metrischen System – also in Metern. Dort rechnet man in Yards und Feet. Und beim Umrechnen in Meter entstehen die seltsamen Zahlen.

Freistöße

Ein direkter Freistoß folgt nach einem Foulspiel mit Körperkontakt oder absichtlichem Handspiel. Er darf direkt ins Tor geschossen werden. Beim indirekten Freistoß (zum Beispiel nach Abseits, Sperren ohne Ball oder „gestrecktem Bein") muss der Ball nach dem Schuss noch von einem weiteren Spieler berührt werden, bevor er im Tor landet. Bei jedem Freistoß muss der Ball ruhig auf dem Boden liegen. Rollt er noch, muss der Freistoß wiederholt werden.

Direkter Freistoß

Die folgenden Regelverstöße werden mit einem direkten Freistoß für die gegnerische Mannschaft bestraft. Beachtet ein Spieler innerhalb des eigenen Strafraums eine dieser Regeln nicht, gibt es sogar einen

Strafstoß. Hier die Gründe für einen direkten Freistoß: Es ist nicht erlaubt, einen Gegner

- zu treten oder zu versuchen, ihn zu treten,
- durch Beinstellen zu Fall zu bringen oder es zu versuchen,
- anzuspringen,
- zu rempeln,
- zu schlagen oder zu versuchen, ihn zu schlagen,
- zu stoßen,
- festzuhalten,
- anzuspucken.
- Es ist auch nicht erlaubt, den Ball absichtlich mit der Hand zu spielen.

Elfmeter/Strafstoß

Innerhalb des Strafraums gibt es keinen direkten Freistoß für die angreifende Mannschaft. Hier wird sofort auf Strafstoß von der Elfmetermarke entschieden, wenn einer der oben genannten Punkte eintritt. Die Strafstoßmarke ist genau elf Meter von der Torlinie entfernt. Der Torwart darf sich vor dem Schuss zwar auf der Torlinie nach links und rechts bewegen, aber nicht sein Tor verlassen.

Indirekter Freistoß

Wenn der Schiedsrichter auf indirekten Freistoß entscheidet, dann war das Vergehen nicht ganz so schlimm. Einen indirekten Freistoß gibt es zum Beispiel

Bei einem Strafstoß müssen alle anderen Spieler außerhalb des Strafraums hinter dem Strafstoßpunkt stehen und mindestens 9,15 Meter vom Ball entfernt sein.

- nach einer Abseitsentscheidung,
- wenn der Torwart den Ball während des laufenden Spiels länger als sechs Sekunden in der Hand hält,
- bei einem unerlaubten Rückpass zum Torwart (der darf den Ball dann nicht in die Hand nehmen),
- bei gefährlichem Spiel („hohes Bein").

Achte auf den Schiedsrichter! Hebt er vor dem Freistoß die Hand? Dann hat er auf indirekten Freistoß entschieden.

Beim Freistoß muss jeder verteidigende Spieler in der Mauer 9,15 Meter Abstand vom Ball haben. Manchmal muss der Schiedsrichter diesen Abstand „korrigieren".

Abseits oder nicht

Der Schiedsrichterassistent reißt die Fahne in die Höhe, wenn er eine Abseitssituation erkennt. Danach zeigt er zu der Stelle, wo sich der im Abseits stehende Spieler befand.

Über keine andere Fußballregel wird so viel diskutiert wie über die Abseitsregel. Das gilt auch für die mit ihr verbundene Weisheit: „Abseits ist, wenn der Schiedsrichter pfeift." Diesen Satz benutzen meist Menschen, die sich im Regelwerk des Fußballs nicht allzu gut auskennen. Die dazugehörige Frage: „Was ist denn eigentlich Abseits?", wird nämlich fast jedem Fußballinteressierten im Laufe seines Lebens mindestens einmal gestellt. Der Grund für die Einführung der Regel ist einfach: Die Abseitsregel soll der verteidigenden Mannschaft das Spiel erleichtern. Auf der anderen Seite macht sie den Angreifern, dem Schiedsrichter und seinen Assistenten das Leben ganz besonders schwer.

Die Abseitsposition

Das Wichtigste gleich zu Beginn: Nicht jeder Spieler, der im Abseits steht, begeht einen Regelverstoß. Denn eine Abseits-

Abseits: Der Angreifer befindet sich im Moment der Ballabgabe bereits im Abseits. Das Tor wird nicht gegeben.

Passives Abseits: Der angreifende Spieler vorne steht im Abseits. Er nimmt jedoch nicht am Spielzug teil und behindert auch nicht die Sicht des Torhüters. Das Spiel geht weiter.

position liegt bereits vor, wenn ein Spieler der gegnerischen Torlinie näher ist als der Ball und der vorletzte Abwehrspieler (der letzte ist meist der Torhüter) – und das in der gegnerischen Spielhälfte. Solange er dabei nicht ins Spiel eingreift, keinen Gegner beeinflusst oder aus seiner Stellung keinen Vorteil zieht, ist das absolut in Ordnung. Denn er befindet sich im so genannten „passiver Abseits". In einem solchen Fall muss der Schiedsrichter nicht pfeifen.

Schon gewusst?

Die Abseitsregel ist eine der ältesten Fußballregeln. Schon 1863 legte man in England erstmals schriftlich fest, dass es unfair sei, im Rücken des Gegners ein Tor zu erzielen. Zu dieser Zeit waren noch nicht einmal die Anzahl der Spieler und die Größe der Tore und des Spielfelds festgelegt. Seit damals wurde die Abseitsregel immer wieder geändert. Sie sorgt weiterhin für Diskussionsstoff.

Gleiche Höhe: Der Angreifer befindet sich exakt neben dem Verteidiger. Er ist also dem Tor nicht näher als der verteidigende Spieler. Kein Abseits!

Der Rückpass: Der Ball befindet sich beim Abspiel näher am Tor als der angespielte Mitspieler. Auch hier liegt kein strafbares Abseits vor.

Die gleiche Höhe

Auch bei der so genannten „gleichen Höhe" muss der Unparteiische nicht eingreifen.
Von „gleicher Höhe" spricht man, wenn der angreifende Spieler auf einer Linie mit dem vorletzten Abwehrspieler oder den letzten beiden Abwehrspielern steht. Das ist natürlich bei den ständigen Bewegungswechseln der Spieler nur schwer zu erkennen. Und nicht immer treffen Schiedsrichter und Schiedsrichterassistent hier die richtige Entscheidung.

Kleines Regelquiz

Alle Regeln verstanden? Mit dem folgenden kleinen Quiz kannst du dein Fußballwissen, oder natürlich das von jemand anderem, testen. Gleichzeitig erfährst du noch neue Einzelheiten über die Regeln.

1 Frage:
Zwei Spieler einer Mannschaft laufen allein auf das gegnerische Tor zu und haben nur noch den Torwart vor sich. Kurz vor dem Tor spielt der eine Spieler den Ball zu seinem Mannschaftskollegen zurück, der ihn ins Tor schießt. Zählt das Tor?

Antwort:
Ja, das Tor zählt. Es liegt kein Abseits vor, da der Spieler vorne den Ball zu seinem Teamkollegen zurückgespielt hat.

2 Frage:
Das Spiel kann nicht beginnen, wenn eine Mannschaft aus weniger als wie vielen Spielern besteht?

Antwort:
Weniger als sieben.

3 Frage:
Darf sich ein Spieler auf die Ersatzbank setzen, nachdem er die rote Karte bekommen hat?

Antwort:
Das wurde in diesem Buch doch gar nicht verraten! Hast du es trotzdem gewusst? Nein, der Spieler darf es nicht. Er muss den Platz verlassen.

4 Frage:
Was bedeutet der gehobene Arm des Schiedsrichters nach einem Freistoßpfiff?

Antwort:
Es gibt einen indirekten Freistoß.

5 Frage:
Wie entscheidet der Schiedsrichter, wenn ein Verteidiger einen Angreifer im Strafraum festhält?

Antwort:
Der Schiedsrichter entscheidet auf Strafstoß.

6 Frage:
Wann und warum gibt es eine Verlängerung?

Antwort:
Eine Verlängerung gibt es, wenn auf jeden Fall eine Entscheidung herbeigeführt werden muss und das Spiel nach 90 Minuten noch nicht entschieden ist. Das ist zum Beispiel der Fall bei Pokalspielen oder bei einem WM-Finale.

Die Spieltechnik: Das kleine Fußball-Einmaleins

Stoppen, Ballführen und Zuspielen

Wenn Fans eine schlechte Meinung über einen Fußballer haben, sagen sie häufig: „Der kann ja noch nicht einmal einen Ball stoppen." Hieran kannst du bereits die Bedeutung des Ballstoppens erkennen. Es ist das Erste, was ein junger Fußballer im Verein lernt und somit die Grundlage des ganzen Spiels. Ganz ähnlich ist es beim Ballführen und Zuspielen. „Der kann nichts am Ball", „Der kann noch keinen Ball über zwei Meter zuspielen" – diese Sätze hört kein Spieler gern über sich. Und damit niemand so etwas über dich erzählt, hier ein paar Grundlagen.

Wird dir ein Ball in Brusthöhe zugespielt, stoppst du ihn mit breiter, herausgestreckter Brust.

Wird dir der Ball flach zugespielt, hältst du ihm die gesamte Fußinnenseite hin.

Stoppen: flacher Ball

Wenn dir ein Ball flach zugespielt wird, kannst du ihn mit der Fußinnenseite, mit der Sohle oder mit der Fußaußenseite anhalten (→ Seite 34). Am sichersten ist die Ballannahme mit der Innenseite. Stelle deinen Fuß einfach quer, denn dann hat der Ball die größte Aufprallfläche. Ziehe dein Bein beim Aufprall leicht zurück. So gibst du dem Druck des Balls nach und verhinderst, dass er zurückspringt. Achte auch darauf, dass sich die Fußsohle nur knapp über dem Boden befindet, sonst rutscht dir der Ball unter der Sohle durch. Das nennt man dann „Stockfehler".

Stoppen: hoher Ball

Hohe Bälle stoppst du entweder mit dem Kopf, der Brust, dem Oberschenkel oder dem Fußspann – je nachdem in welcher Höhe sie angeflogen kommen. Bei jeder dieser Annahmen ist es wichtig, dem Ball eine gerade Fläche entgegenzubringen. So springt er nicht zur Seite. Nimm den Ball „weich" an und setze ihm keinen Druck entgegen, damit er nicht zu weit zurückprallt.

Bei der Annahme mit dem Fußspann kannst du den Ball in der Luft „abholen". Das bedeutet, du führst ihm deinen Fuß entgegen. Und wenn er ihn berührt, begleitest du ihn bis auf den Boden.

Die Ballannahme

Die Ballannahme ist eine der wichtigsten Fertigkeiten beim Fußball. Egal, ob du einen Ball mit dem Kopf, der Brust, dem Fuß oder Oberschenkel stoppen willst, beobachte den heranfliegenden Ball ganz genau, halte mit den Armen das Gleichgewicht und richte deine Körperhaltung an der Flugbahn des Balls aus.

Ballführen

Das Führen eines Balls am Fuß ist reine Übungssache. Schnapp dir einfach einen Ball und laufe mit ihm über den Platz. Achte darauf, dass er sich nie mehr als ein bis zwei Meter von deinem Körper entfernt. Spiel den Ball auch mit deinem schwachen Fuß und benutze mal die Fußinnenseite und mal die -außenseite. Irgendwann führst du den Ball so sicher, dass du nicht mehr auf den Boden schauen musst. Dann kannst du im Laufen das Spiel beobachten und weißt sofort, wo deine Mitspieler stehen.

„Wir können so etwas nicht trainieren, nur üben."
Michael Ballack

Das Ballführen muss man üben – bis man es so perfekt beherrscht wie die Profis!

Zuspielen

Theoretisch kannst du mit jeder Fußseite den Ball abspielen, auch mit der Hacke. Mit der Fußinnenseite kannst du deinen Schuss am besten kontrollieren und geradeaus spielen. Du willst den Ball weiter schießen? Das klappt sehr gut mit dem Innenspann. Such dir in einiger Entfernung ein Ziel. Male dir zum Beispiel einen Kreis auf eine Mauer und versuche ihn zu treffen. Du wirst sehen, wie treffsicher du mit der Zeit wirst.

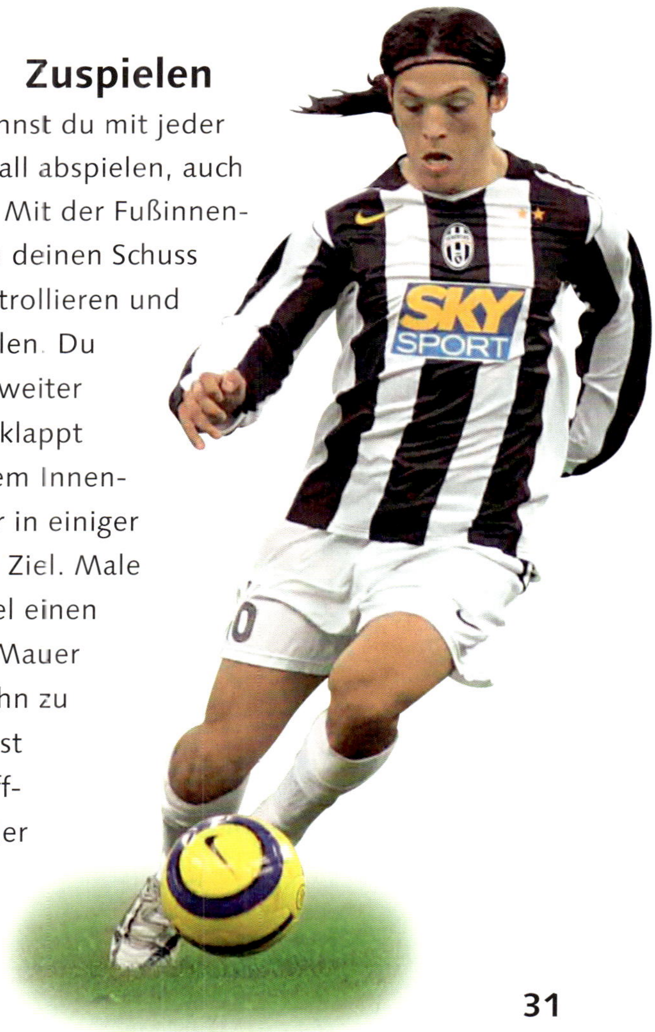

Der Zweikampf

Bei einem Zweikampf muss der Schiedsrichter immer ganz genau hinsehen.

Auch die Schnelligkeit spielt beim Zweikampf eine wichtige Rolle. Der langsamere Spieler hat häufig das Nachsehen.

„Wir haben alle mit der notwendigen fairen Brutalität gespielt."
Christian Beeck

Alle großen Fußballstars sind auch zweikampfstark. Ob Zidane, Ronaldo oder Ballack: Wenn sie mit ihren Tricks den Gegenspieler veräppeln oder ihm den Ball sogar durch die Beine spielen (das nennt man tunneln), sind die Zuschauer hellauf begeistert.
Zu einem Zweikampf kommt es, wenn der Ball führende Spieler auf einen Gegner trifft. Dieser will den Spieler daran hindern, weiter in Richtung Tor zu laufen. Für den Zweikampf gibt es im Fußball genaue Regeln. Sie legen fest, was erlaubt und was verboten ist (→ Seite 22/23).

Der Ball führende Spieler

Um an einem Abwehrspieler vorbeizukommen, muss man sehr gut mit dem Ball umgehen können und Tricks beherrschen, die der Gegner nicht durchschaut. Das ist der Grund dafür, dass man Spieler, die besonders stark im Zweikampf sind, Ballkünstler oder Ballartisten nennt. Sie haben eine ganze Palette an unterschiedlichen Tricks parat, mit denen sie ihre Gegner überraschen.

Gefährlich: das Hineingrätschen von hinten mit gestrecktem Bein. Trifft der Verteidiger das Bein des Gegners, wird er mit der roten Karte bestraft.

Wenn du einer der ganz Großen im Fußball werden willst, benötigst du vor allem viel Ballgefühl. Das Slalomlaufen durch eine Reihe aufgestellter „Hütchen" ist hierfür eine gute Übung.

Ballsicherheit und Ballgefühl sind die Grundlagen für einen erfolgreichen Zweikampf.

Der Abwehrspieler

Um an den Ball seines Gegners zu gelangen, muss der Abwehrspieler diesen „tackeln". Die bekanntesten Varianten sind das Block- oder Rempel-Tackling und das Hineingrätschen. Beim Block-Tackling wird der Ball mit dem Fuß oder einem Körperteil abgeblockt. Beim Grätschen rutscht der Abwehrspieler am Boden mit dem Fuß zum Ball und spielt ihn dem Gegner vom Fuß.

Der Fußballfachbegriff „Tackling" (sprich: Täckling) ist übrigens ein englisches Wort und bedeutet „in Angriff nehmen".

Nicht ablenken lassen!

Als Abwehrspieler solltest du immer den Ball im Auge behalten, denn diesen willst du in deinen Besitz bringen. Lass dich auf keinen Fall von den Körperbewegungen des Gegners ablenken. Denn er wird versuchen, dich mit Körpertäuschungen reinzulegen. Vielleicht wird er über den Ball steigen oder einen Schuss vortäuschen. Warte den richtigen Moment ab und – zack – schnapp dir den Ball.

Vor dem Tor

Sobald ihr euch mit dem Ball am Fuß dem gegnerischen Strafraum nähert, solltet ihr versuchen aufs Tor zu schießen. Das könnt ihr mit dem Innenspann, dem Vollspann oder dem Außenspann tun. Platziert euren Schuss in die Torecke. Schließlich wollt ihr weder am Tor vorbei- noch den Torwart anschießen. Leider steht bei Torschüssen fast immer ein Abwehrspieler im Weg. In diesem Fall habt ihr verschiedene Möglichkeiten:

- Ihr sucht den Zweikampf und umdribbelt den Abwehrspieler.
- Ihr spielt den Ball zu einem Mitspieler, der besser zum Tor platziert ist, oder versucht es mit dem Doppelpass.
- Ihr spielt den Ball auf die Außenseite, damit ein Mitspieler den Ball in die Mitte flanken kann.

Über den Sieg bei einem Kopfballduell entscheiden das Timing, die Größe und die Sprungkraft der Spieler.

Bei einem Torschuss befindet sich das Standbein direkt neben dem Ball. Steht es vor oder hinter dem Ball, tretet ihr eher in den Boden oder der Schuss geht übers Tor.

Flanke

Flanke nennt man in der Fußballersprache einen Ball, der von der Seite hoch in den gegnerischen Strafraum geschlagen wird.

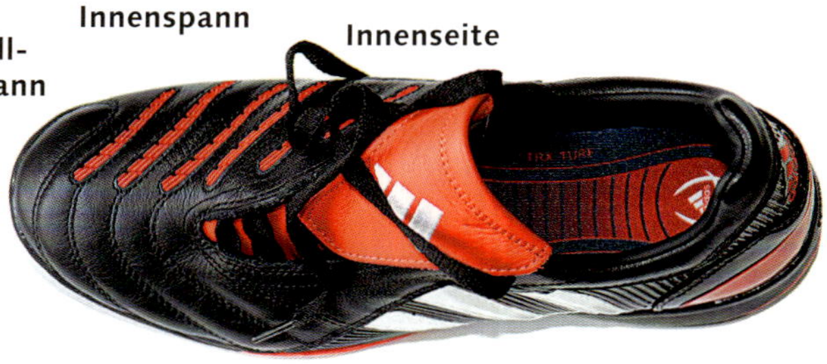

Meistens wird hierfür der Fußinnenspann benutzt. Dabei dreht sich der Ball leicht vom Tor weg, in Richtung der Stürmer, die den hohen Ball ins Tor köpfen wollen. Bei der „Bananenflanke" ähnelt die Flugbahn des Balls der Biegung einer Banane. Der Ball wird mit dem Innenspann stark angeschnitten, dabei rutscht der Fuß fast über den Ball. Er bekommt einen „Effet" und dreht sich im Bogen vom Tor weg.

Kopfball

Das Kopfballspiel verlangt viel Übung. Das ist vor allem der Fall, wenn der Ball von der Seite kommt. Dann müssen die Stür-

mer die Flugbahn des Balls nämlich in einen rechten Winkel verändern. Geköpft wird mit der Stirn. Entscheidend bei jedem Kopfball ist das „Timing“ (sprich: „Taiming“), also die zeitliche Genauigkeit, mit der ihr dem Ball entgegenspringt. Wenn der Ball euch erreicht, müsst ihr ganz oben in der Luft sein. Aber das kann man nicht erklären, sondern nur üben (→ Seite 59, Basketball). Irgendwann bekommt ihr ein Gefühl dafür, zur richtigen Zeit abzuspringen.

Rückzieher

Jetzt wird's richtig kompliziert. Denn Fallrückzieher und Seitfallzieher sind etwas für richtige Profis. In beiden Fällen nimmt der Angreifer einen Flankenball direkt aus der Luft und schießt ihn sofort aufs Tor. Dafür springt er hoch, macht fast einen Kopfstand oder „liegt“ fast quer in der Luft – und schießt dann mit dem Bein, auf dem er eben noch stand. Das sieht meistens sehr akrobatisch aus!

Wenn ihr das könnt, seid ihr reif für die Bundesliga!

Im Idealfall läuft man mit dem Ball bis zur Torauslinie, bevor man flankt. Auf diese Weise entfernt sich der Ball im Flug von dieser Linie. Und das macht es den Abwehrspielern besonders schwer, den Ball wegzuschlagen.

Torwart: Fangen, Fausten und Fliegen

„Wenn man ein 0:2 kassiert, dann ist ein 1:1 nicht mehr möglich."
Alex Ristic

Um einen Schuss aufs Tor abzufangen, benötigt jeder Torhüter natürlich eine blitzschnelle Reaktion. Doch bevor ihn der Ball erreicht, muss er die Flugbahn des Balls genau einschätzen. Kommt der Ball in Körpernähe angeflogen, kann er ihn fangen. Erwischt er den Ball aber nur mit einem gezielten Sprung zur Seite, ist es besser, den Ball wegzufausten oder um den Pfosten zu lenken. Wie auch immer: Ein guter Torwart hat seinen Blick immer auf den Ball gerichtet.

Sobald der Ball die Finger berührt, muss er gesichert werden. Erst dann ist der Ball wirklich sicher und der Abschlag oder Abwurf kann ausgeführt werden.

Fangen

Ob der Ball flach, in Brust- oder Kopfhöhe angeflogen kommt – immer bilden beide Hände des Torhüters eine möglichst breite Fläche, um den Ball aufzufangen.

Den Ball sichern

Sobald der Ball die Hände berührt, muss er gesichert werden, um ein Wegrutschen zu vermeiden. Dafür ziehst du den Ball bei einem hohen Schuss zur Brust. Bei einem Schuss in Brusthöhe oder einem Flachschuss lässt du den Ball sanft über die Arme zur Brust rollen. Bewege beim Fangen die Arme dem Ball entgegen. So kannst du den Schwung besser abfangen und er springt dir nicht weg.

Beim Fangen sind die Finger fächerförmig gespreizt und formen mit den Handflächen eine Art Schale, die den Ball aufhalten soll.

Beim Fausten bilden die oberen Fingerglieder eine ebene Fläche. Mit ihr wird der Ball geschlagen.

Fausten

Fausten ist immer dann angesagt, wenn es brenzlig wird. Mit der Faust verpasst du dem Ball einen wuchtigen Stoß, der ihn aus der Gefahrenzone herauskatapultieren soll. Das ist zum Beispiel wichtig, wenn ein Angreifer bereitsteht, um den Ball ins Tor zu köpfen. Noch mehr Schlagkraft hast du, wenn du mit beiden Fäusten eine Fläche bildest und den Ball wegstößt.

Grundregeln

Fauste den Ball nie in die Spielfeldmitte. Von dort hat ein Angreifer, dem der Ball vor die Füße fällt, eine hervorragende Schussposition. Benutze nie die Faust, wenn du einen Ball erwischen willst, nach dem du in eine deiner Ecken springen musst. Erstens hast du eine viel größere Reichweite mit ausgestreckten Fingern.

Zweitens kann es passieren, dass du dir den Ball ins eigene Netz schlägst.

Fliegen

Willst du nach einem Ball hechten und ihm entgegenfliegen, mache zunächst einen Schritt auf den Ball zu. Und zwar mit dem Bein, das dem Ball am nächsten ist. Also: Fliegt ein Ball in deine rechte Ecke, beugst du das rechte Bein, senkst den Körperschwerpunkt ab und springst mit deinem gesamten Körper in Richtung des Balls. Versuche unbedingt, den Körper hinter den Ball zu bringen. Erreichst du den Ball nur noch mit der ausgestreckten Hand, verpasse ihm einen heftigen Stoß. Nur so kann der Ball seine Flugbahn verändern.

Ein weiter Hechtsprung und ein Ablenken des Balls ist manchmal die letzte Möglichkeit, ein Tor zu verhindern.

Kraft und Ausdauer

Jeder Bundesliga-Trainer schickt seine Mannschaft regelmäßig in den Fitnessraum und in den Wald. Denn ein guter Athlet braucht sehr viel Kraft und Kondition, um 90 Minuten lang Höchstleistung bringen zu können.

Vor und nach dem Training werden die Muskeln jeweils leicht gedehnt.

Kraft

Im Kraft- oder Fitnessraum bauen die Spieler ihre Muskeln auf. Vor allem die Beinmuskulatur ist bei einem Fußballer stark ausgeprägt. Schließlich benötigt er einen starken Schuss, eine große Portion Sprungkraft, um beispielsweise ein Kopfballduell für sich zu entscheiden, und natürlich muss er auch schnell rennen können. Doch auch der Oberkörper sollte athletisch sein, um im Zweikampf genügend Widerstand leisten zu können. Denn korrektes Rempeln ist beim Fußball erlaubt. Aber auch schon beim normalen Training mit dem Ball trainiert ein Fußballspieler seine Muskeln für den Wettkampf.

Ausdauer

Unter Ausdauer oder Kondition versteht man die Leistungsfähigkeit des Körpers über einen längeren Zeitraum. Je besser die Kondition eines Menschen ist, desto länger kann er eine gute Leistung seines Körpers „abrufen". Im Ausdauertraining wird das Herz-Kreislauf-System des Körpers regelmäßig einer größeren Belastung ausgesetzt. So gewöhnt sich der Körper daran, dass sein Besitzer mehr von ihm verlangt. Wer also im Training lange Laufpassagen mit Leichtigkeit meistert, der wird auch im Spiel noch in der letzten Minute genügend Kraft für einen tollen Sprint haben.

Sauerstoff tanken und mächtig Gas geben: In der Gruppe macht der Waldlauf am meisten Spaß.

Die Taktik: Spielen mit Köpfchen

Der Trainer

Foto Seite 39: Der Trainer bestimmt die Taktik, die Spieler (hier Torsten Frings) setzen sie auf dem Platz um.

Durchsetzungskraft, Fußballsachverstand, Führungsqualitäten … Es gibt viele Stärken, über die ein Trainer für seine erfolgreiche Arbeit verfügen muss. In erster Linie sollte er natürlich etwas vom Fußballspielen verstehen, denn er stellt die Mannschaft auf. Er bestimmt, welcher Spieler auf welcher Position eingesetzt wird. Und er ordnet die Taktik an. Vor allem ist er aber der Übungsleiter, der sein Team trainiert.

Ein Trainer ist so etwas wie ein Orchesterchef: Er sorgt dafür, dass viele Einzelkünstler gemeinsam tolle Musik machen. Das ist beim Teamchef der Nationalmannschaft nicht anders.

Das Training

Im Training erkennt der Coach die Stärken und Schwächen seiner Spieler. Sämtliche Übungseinheiten dienen dazu, diese Schwächen zu beseitigen und die Stärken auszubauen. Auch spezielle Spielsituationen, so genannte Standards, werden im Training eingeübt. Das können zum Beispiel Freistoßtricks (→ Seite 50/51) oder Eckbälle sein.

Teambildung

In einer guten Fußballmannschaft ist perfektes Teamwork gefragt. Es gibt viele Beispiele von Mannschaften mit vielen Stars, die nur eine Ansammlung von hervorragenden Einzelspielern waren. Erfolge konnten sie im Team aber nicht feiern. Der Trainer fördert das Zusammenspiel und die Harmonie im Team. Vielleicht hast du schon einmal den Ausdruck „Elf Freunde

müsst ihr sein!" gehört. Wer seine Mitspieler gut leiden kann, dem macht das Fußballspielen natürlich mehr Spaß. Deshalb hat der Trainer auch ein Mitspracherecht, wenn es um Spielereinkäufe geht. Dabei achtet er ganz genau darauf, dass der neue Spieler gut in seine Mannschaft passt.

Nicht immer die Besten

Deshalb kommt es häufig vor, dass ein vermeintlich schlechterer Fußballer in einem Spiel den Vorzug erhält, während ein vermeintlich besserer auf der Bank sitzt. Vielleicht passt er zu diesem Zeitpunkt einfach besser ins taktische Konzept des Trainers.

Meist hält es der Trainer vor lauter Anspannung auf der Bank nicht aus! Er beobachtet das Spiel und ruft seinen Spielern häufig Anweisungen zu.

Solltest du also bei einem Spiel nur auf der Ersatzbank sitzen, dann mach dir nichts daraus. Es bedeutet nicht, dass du schlechter bist als die anderen auf dem Platz.

Ein erfolgreicher Trainer wird von den Fans geliebt, ein erfolgloser beschimpft. Der Job des Trainers erfordert auf jeden Fall vollen Einsatz, auch am Spielfeldrand, und ein dickes Fell.

Ist der Trainer schuld?

Verliert eine Mannschaft viele Spiele hintereinander oder nimmt sie einen schlechten Tabellenplatz ein, wird die Schuld zunächst immer beim Trainer gesucht. Das ist der Grund, warum nach Misserfolgen meist der Trainer entlassen wird. Er wird zum „Sündenbock" erklärt. Das ist einfacher, als die ganze Mannschaft auszutauschen, obwohl sie es war, die schlechte Leistungen gezeigt hat. Es kann auch passieren, dass die ‚Chemie" zwischen dem Coach und seinem Team nicht stimmt: Vielleicht ist den Spielern sein Training zu hart. Vielleicht behandelt er manche ungerecht. Auch dann wird der Trainer in der Regel den Verein verlassen.

» *„Es ist das Schicksal aller Trainer, früher oder später mit Tomaten beworfen zu werden."*
Dino Zoff

So spielt ein guter Torwart

Von Torhütern sagt man: Mit der Zeit werden sie immer besser. Tatsächlich gibt es im Gegensatz zu Feldspielern eine große Anzahl von Klasse-Torhütern, die über dreißig Jahre alt sind.
Das liegt daran, dass ein Torwart nicht so viel Kondition braucht und auch nicht der Schnellste sein muss. Eine seiner Stärken sind seine Reflexe, und die gehen mit zunehmendem Alter nicht so schnell verloren. Neben guten körperlichen Eigenschaften zählt für einen Spitzentorwart also vor allem seine Erfahrung.

Einen Strafstoß zu halten, ist oft Glückssache. Wichtig: Man sollte nicht zu früh in eine Ecke springen, sonst hat es der Schütze leicht.

Der Torwart gibt seinen Abwehrspielern häufig Anweisungen. Auch vor einem Freistoß „dirigiert" er die Spieler, die eine Mauer bilden.

Konzentration zählt

Ein guter Torwart spielt mit. Und das nicht nur, wenn Gefahr vor seinem „Kasten" lauert. Auch wenn das Geschehen in der anderen Spielhälfte stattfindet, muss er immer mit einem schnellen Konter oder einem langen Pass des Gegners rechnen. Deshalb ist die Konzentration auf dem Feld extrem wichtig.

Ein wichtiger Mitspieler

Außerdem kann ein Torhüter mit weiten Abwürfen zum Beispiel auch einen Angriff seiner Mannschaft einleiten. Es gibt Torhüter, die den Ball aus der Hand bis zur Mittellinie werfen können, und zwar genau zu einem Mitspieler. Das kannst du üben, indem du versuchst, ein Ziel in 10 bis 20 Metern Entfernung zu treffen. Wo aber muss ein guter Torwart wann stehen? Meist in seinem Tor natürlich, das ist klar. Aber das ist immerhin 7,32 Meter breit! Logisch ist auch, dass ein Torwart in der Regel in der Mitte steht, damit er mit einem Sprung nach links oder rechts mit den Händen bis an die Außenpfosten kommt. Doch es gibt zahlreiche Ausnahmen.

Auch Spitzen-Torhüter wie Oliver Kahn müssen ihre Beweglichkeit und körperliche Fitness mit intensivem Torwarttraining ständig verbessern.

Optische Täuschung

Wenn ein Angreifer allein auf den Torwart zuläuft, rennt dieser ihm mit ausgestreckten Armen entgegen. Der Torwart nutzt in solch einer 1-gegen-1-Situation die dreidimensionale optische Täuschung. Er wirkt auf den Angreifer immer größer, im Gegensatz zum Tor im Hintergrund. Die Ecken, in die der Stürmer den Ball schießen kann, wirken dadurch viel enger. Das gilt besonders, wenn der Angreifer von der Seite aufs Tor zuläuft. Mit schnellen, kurzen Schritten läuft der Torhüter dem Angreifer entgegen, um den Winkel zu verkürzen. Dabei muss er möglichst lange stehen bleiben, um es dem Angreifer beim Platzieren des Schusses so schwierig wie möglich zu machen.

Torwart-Rekorde

Die meisten Bundesligapartien bestritt **Eike Immel** (1978–1995): 534 Spiele.

Der beste Elfmeterschütze unter den Torhütern ist **Jörg Butt:** schon über 23 Tore.

Der älteste Spieler, der je eine Weltmeisterschaft gewann, ist der italienische Torhüter **Dino Zoff:** Beim Titelgewinn 1982 war er bereits 40 Jahre alt.

Ikar Casillas von Real Madrid ist bis heute der jüngste Spieler, der je ein Champions-League-Finale gewonnen hat: mit 21 Jahren.

Als Torhüter sollte man das Spiel beobachten und wie ein Schachspieler die Züge des Gegners berechnen.

Exaktes Timing

Viel Übung erfordert auch das Herauslaufen nach einer Flanke oder einem Eckball. Da der Torwart dabei als Einziger die Hände benutzen darf, ist er gegenüber den Stürmern im Vorteil. Wie beim Kopfball ist hier das richtige Timing wichtig, damit er nicht am Ball vorbeispringt.

So spielt eine gute Abwehr

Eine gute Abwehr wird an ihren Gegentoren gemessen: Je weniger sie zulässt, desto undurchdringlicher ist sie für die gegnerischen Stürmer. Das mag an den sehr guten Verteidigern liegen. Aber auch als Mannschaftsteil, als Gesamtgefüge hat die Abwehr so manchen Trick auf Lager.

Je enger du deinen Gegner deckst, desto größer ist die Chance, den ankommenden Ball vor ihm zu erwischen.

Ein guter Manndecker

Wenn du als Abwehrspieler einen direkten Gegenspieler zugeteilt bekommst, solltest du bereits in den ersten Minuten dessen Spielweise erkennen. Ist er Links- oder Rechtsfuß? Kann er gut tricksen? Ist er schneller als du?

Wenn du die Antworten auf diese Fragen kennst, kannst du dich gut auf den Gegner einstellen. Besonders bei einem trickreichen Spieler solltest du immer versuchen, vor ihm am Ball zu sein. Denn wenn er ihn einmal hat, tanzt er dich vielleicht aus.

Der Begriff Manndeckung stammt aus einer Zeit, in der es unüblich war, dass Frauen oder Mädchen Fußball spielten. Auch Frauen sollten ihre Gegnerinnen natürlich eng decken.

Die Manndeckung

Die Manndeckung ist eine traditionelle Abwehraufstellung, bei der jedem Verteidiger ein Angreifer zugeordnet wird. Der Vorstopper deckt den Mittelstürmer und die Außenverteidiger entsprechend die Außenstürmer ihrer jeweiligen Seite. Trainer geben hierbei häufig die Anweisung, mit dem Gegenspieler „aufs Klo zu gehen". Damit meinen sie, dass die Spieler ihren direkten Gegenspieler niemals aus den Augen lassen sollen, selbst wenn sich der Ball nicht in der Nähe befindet. Der Vorteil der Manndeckung: Jeder Spieler übernimmt die Verantwortung für „seinen" Gegner. Es müssen auf dem Platz keine weiteren Absprachen mehr getroffen werden.

Ob Mann- oder Raumdeckung: Zu keiner Zeit darf ein Angreifer ungedeckt sein und die Möglichkeit bekommen, aufs Tor zu schießen. Die Abwehr darf also keine „Lücke" lassen.

Die Raumdeckung

Die Raumdeckung ist eine relativ neue Erfindung des modernen Fußballs. In diesem Fall decken Abwehrspieler keine zugeteilten Angreifer, sondern Räume. Eng verbunden mit der Raumdeckung ist der Begriff Vierer-Abwehr-Kette. Jeder der vier Abwehrspieler, die quer über den Platz eine Reihe bilden, deckt hierbei einen bestimmten Abschnitt der eigenen Spielfeldhälfte. Stößt ein Angreifer in einen dieser Abschnitte vor, übernimmt ihn der verantwortliche Abwehrspieler. Wechselt der gleiche Angreifer in einen anderen Abschnitt, übernimmt der dort wartende Verteidiger. Der Vorteil: Kein Abwehrspieler muss seinem Gegner über eine längere Strecke hinterherlaufen. Er bleibt in seinem Raum – und das spart Energie.

Ein guter Raumdecker

Als guter Raumdecker beobachtest du das Spiel sehr aufmerksam, denn zu jeder Zeit kann der Ball in deinem Spielabschnitt landen und damit einen Angreifer anlocken. Und was passiert, wenn sich gleich zwei Angreifer in deinem Bereich befinden? Dann musst du dich für den gefährlicheren von beiden entscheiden. Aus diesem Grund sind die zu verteidigenden Spielfeldabschnitte auch flexibel. Denn jetzt eilt dir einer deiner Kollegen zu Hilfe, kümmert sich um den zweiten Spieler und erweitert damit seinen eigenen Raum.

Rechtsfüßer spielen den Ball in der Regel links an dir vorbei, bei Linksfüßern ist es umgekehrt. Richte dich darauf ein!

So spielt ein gutes Mittelfeld

Welche Aufgabe hat eigentlich ein Mittelfeldspieler? Das hängt zu einem großen Teil vom Spielsystem (→ Seite 54/55) einer Mannschaft ab: Zum Beispiel kann ein Mittelfeld defensiv oder offensiv ausgerichtet sein. Auch kann der Trainer entscheiden, ob er drei, vier oder sogar fünf Spieler im Mittelfeld spielen lässt. In den meisten Fällen jedoch gibt es Mittelfeldspieler, die eher die eigene Abwehr unterstützen und solche, die die eigenen Stürmerkollegen mit klugen Pässen und cleveren Spielzügen unterstützen sollen.

Kommt ein Mittelfeldspieler an einem Gegenspieler vorbei, ist seine Elf vor dem Tor in der Überzahl, das heißt: Er oder ein Mitspieler hat freie Bahn aufs Tor. Gelingt es einem Spieler, seinem Gegner den Ball durch die Beine zu spielen, nennt man das „tunneln".

Vielseitigkeit

Das bedeutet natürlich nicht, dass ein defensiv ausgerichteter Mittelfeldspieler nicht auch vor das gegnerische Tor kommen darf. Hierüber entscheidet die jeweilige Spielsituation. An dieser Stelle wird schon deutlich, dass die Spieler in der Spielfeldmitte über vielseitige Fähigkeiten verfügen:

- Erstens brauchen sie viel Kondition, um von ganz hinten nach vorne und wieder zurücklaufen zu können (deshalb nannte man sie früher auch „Läufer").
- Zweitens sollten sie über viel Spielwitz verfügen, um den Gegner mit überraschenden Varianten auszutricksen.
- Drittens ist es von Vorteil, wenn sie einen festen und platzierten Schuss haben, um aus der Ferne schießen zu können.

Wenn ein Fußballspieler unglaublich vielseitige Talente in sich vereint, spricht man von einem „kompletten" Spieler.

- Viertens sollten die Mittelfeldspieler natürlich auch noch tolle Techniker sein …

Defensive Mittelfeldspieler

Das defensive Mittelfeld soll den Spielaufbau der gegnerischen Mannschaft unterbinden und dafür sorgen, dass diese nicht bis zum Strafraum vordringt. Häufig findet man hier sehr zweikampfstarke Spieler, die den Gegenspieler abfangen und sofort einen eigenen Angriff einleiten.

Offensive Mittelfeldspieler

Das offensive Mittelfeld ist die Kreativabteilung des Teams. Die Spieler sollen das Spiel „lesen" wie ein Buch. Als ob sie ein paar Seiten vorausblättern würden, können sie erahnen, was der Gegner – oder ein Mitspieler – vorhat, wie er reagiert oder wer wen als Nächstes anspielt. So entscheiden die Spieler, ob sie einen langen Pass auf einen Stürmer spielen oder mit dem Kurzpassspiel die gegnerische Abwehr überlisten. Das Spiel darf nicht durchschaubar sein und muss immer Überraschungen bergen.

Michael Ballack ist ein Mittelfeldregisseur und „kompletter" Spieler mit vielseitigen Qualitäten: torgefährlich, kopfball- und zweikampfstark, mit sicherem Passspiel und kreativ im Spielaufbau.

„Ich bin der linke, mittlere und defensive Offensivspieler."
Christian Ziege

Der Doppelpass

Mit einem Doppelpass kannst du einen Gegner gut umspielen. Dabei läufst du mit dem Ball auf deinen Gegner zu, bis dieser versucht, dich anzugreifen. In dem Moment passt du den Ball zu einem freien Mitspieler, läufst an deinem Gegner vorbei und dein Teamkollege spielt dir den Ball wieder zu.

Regisseur

Der Mittelfeldregisseur ist der spielerische „Kopf" einer Mannschaft. Er wird von seinen Mitspielern während des Spiels regelrecht gesucht. Denn diese wissen, dass ihm schon etwas einfallen wird, um eine torgefährliche Szene einzuleiten. Man sagt daher auch, der Regisseur habe die höchste Spielintelligenz.

So spielt ein guter Sturm

„Zwei Chancen, ein Tor; das nenne ich hundertprozentige Chancenauswertung."
Roland Wohlfahrt

Wie die Abwehr an der Anzahl der Gegentore, so wird der Sturm an der Zahl der erzielten Treffer gemessen. Das bedeutet für die Angreifer: auf das Tor zu schießen, sobald sich eine aussichtsreiche Gelegenheit dazu bietet. Im gegnerischen Strafraum wird kein schönes, sondern vor allem ein effektives Spiel verlangt. Schließlich wollen die Zuschauer ihre Mannschaft gewinnen sehen.

Die Torschützen sind die Helden des Spiels. Erzielt ein Bundesligaspieler über die ganze Saison die meisten Treffer, bekommt er die Torjägerkanone. Das ist die deutsche Auszeichnung für den Torschützenkönig.

Kopfball

Als Angreifer spielst du vor dem Tor deine Stärken aus. Bist du besonders groß und kannst gut köpfen, sollten dir deine Mitspieler den Ball möglichst hoch zuspielen. Am besten mit einer Flanke. Wichtig ist, dass du in Erwartung einer Flanke ständig in Bewegung bist. Du musst versuchen, deinen Gegenspieler durch Körpertäuschungen abzuschütteln. Die beste Möglichkeit, eine Flanke mit dem Kopf zu erwischen, ist das Hereinlaufen in den Strafraum. Bleibe bei einer Flanke oder bei einem Eckstoß an der Strafraumlinie stehen. Erst wenn der Ball gespielt wurde, läufst du in die Flugbahn des Balls. In dieser Vorwärtsbewegung triffst du den Ball am leichtesten – und er bekommt am meisten Wucht.

Werden Eckstöße auf der rechten Seite mit dem rechten Fuß und Eckstöße von links mit dem linken Fuß getreten, dreht sich der Ball im Flug vom Torwart weg in Richtung Strafraumlinie. Das macht es für den Torwart schwerer, für die wartenden Stürmer jedoch einfacher, den Ball zu erwischen.

Manchmal sind Angreifer nur mit unfairen Mitteln zu stoppen. Geschieht das im Strafraum und sieht das der Schiedsrichter, gibt es einen Strafstoß.

Keinen Ball verloren geben

Gerd Müller war der erfolgreichste Stürmer aller Zeiten. Seine Stärke: Er gab niemals einen Ball verloren und rechnete immer mit den Fehlern seiner Gegner, auch mit „Schnitzern" des Torwarts.
Also: Selbst wenn du das Gefühl haben solltest, einen Ball nie und nimmer erreichen zu können, lauf ihm trotzdem hinterher. Immerhin kann es passieren, dass der Torhüter den Ball nicht richtig „erwischt" oder ihn nur abprallen lässt – oder dass ein Verteidiger am Ball vorbeitritt. Das ist dann deine Chance auf einen tollen Torschuss!

Die Laufrichtung anzeigen

Oft kannst du beobachten, dass die Angreifer in der Strafraummitte den Außenstürmern Handzeichen geben, wenn diese in Ballbesitz sind. So zeigen sie ihre Laufrichtung an: Wenn der flankende Partner weiß, dass sein Stürmerkollege in Richtung langer Pfosten läuft – also die vom Ball weiter entfernte Torseite –, kann er den Ball punktgenau dorthin spielen, exakt auf den Kopf des Mitspielers.

Das „Zurücklegen" des Balls

Beim so genannten Zurücklegen des Balls läuft ein Außenstürmer bis zur Torlinie und spielt den Ball dann flach in Richtung Strafraumlinie. In dieser Spielvariante kann ein mitlaufender Stürmer den Ball aus dem Lauf heraus direkt auf das Tor schießen.

Ein guter Stürmer hat das Tor und seine Mitspieler stets im Blick und entscheidet dann, ob er selbst aufs Tor schießt oder zu einem besser postierten Teamkollegen abspielt.

Freistoßtricks

Steht ein Freistoß in Tornähe bevor, gibt es bei der verteidigenden Mannschaft eine klare Arbeitsteilung. Die Mauer stellt sich so auf, dass eine Hälfte des Tores komplett abgedeckt ist. Auf die andere, ungesicherte Hälfte der Torlinie stellt sich der Torhüter. Der Schütze hat nun zwei Möglichkeiten.

Wenn sich ein Gegner in die Mauer mogelt, versuchen die anderen Spieler natürlich, das zu verhindern. Häufig entsteht ein Gerangel.

Im ersten Fall visiert er die von der Mauer abgedeckte Torhälfte an. Jetzt muss er versuchen, den Ball über die Mauer hinweg oder um diese herum zu spielen. Im zweiten Fall schießt er auf das Torwarteck. Da im ersten Fall sehr viel Ballgefühl verlangt ist und im zweiten Fall der Torhüter den Ball leicht halten kann, hat man sich etwas Besonderes einfallen lassen: die Freistoßtricks!

Trick- und ideenreich

Immer wieder probieren pfiffige Trainer und Spieler neue Varianten aus, mit denen sie die gegnerische Abwehr überraschen wollen. Trotz dieser Versuche gibt es aber einige Klassiker. Diese haben sich in unzähligen Spielen bewährt und werden deshalb weltweit eingesetzt.

Der Lupfer

Ein Ball wird „gelupft", wenn der Spieler ihn sanft mit dem Vorderspann im hohen Bogen nach vorne spielt, zum Beispiel über die Mauer. Denn in den meisten Fällen rechnen die Spieler in der Mauer mit einem direkten Torschuss.
Was passiert aber, wenn ihr den Ball nur leicht über die Mauer lupft, sodass er zwischen Mauer und Tor landet? Dann kann

Der Schütze versucht, den Ball vorsichtig hinter die Mauer zu lupfen. So hat sein Mitspieler, der rechtzeitig losläuft, freie Schussbahn.

Beim Rivelino-Freistoß-Trick schleicht sich ein Mitspieler des Freistoßschützen in die gegnerische Mauer und duckt sich im entscheidenden Moment.

Rivelino-Freistoß-Trick

Eine freche Freistoßvariante ist der Rivelino-Freistoß-Trick (benannt nach seinem Erfinder, dem früheren brasilianischen Weltmeister Rivelino). Hierbei schleicht sich einer eurer Mitspieler einfach in die gegnerische Mauer. Er zwängt sich förmlich zwischen die Spieler. Der Schütze zielt nun auf den Kopf seines Mitspielers, der sich aber im entscheidenden Moment duckt, damit der Ball durch die entstandene Lücke aufs Tor fliegen kann.

einer eurer Mitspieler, der rechtzeitig gestartet ist und der von eurem Plan wusste, den Ball im Raum zwischen Mauer und Tor erlaufen und hat so im Idealfall freie Schussbahn aufs Tor!

Bevor der Freistoß ausgeführt wird, beraten sich die Spieler, klären die Freistoßvariante und legen den Schützen fest.

Quer spielen

Die Idee zu diesem Freistoßtrick ist ebenso einfach wie wirkungsvoll: Der ausführende Schütze schießt den Freistoß nicht aufs Tor, sondern tritt den Ball nur leicht seitwärts, parallel zur Torlinie. Dann steht die Mauer nicht mehr optimal zum Ball und ein zweiter Spieler hat freie Schussbahn auf das „entblößte" Eck der Mauer.

Die Spielweise

Bevor du auf den nächsten beiden Seiten einige Spielsysteme kennen lernst, hier noch einige Grundlagen: Eine Mannschaft kann von ihrem Trainer offensiv oder defensiv aufgestellt werden. Spielt eine Mannschaft offensiv, soll sie vor allem schnell Tore erzielen und das Spiel für sich entscheiden. Die Mannschaft rückt von Beginn an geschlossen in die gegnerische Hälfte vor. Die Abwehr wird vernachlässigt. Bei der defensiven Spielweise ist es genau umgekehrt. Hier will die Mannschaft in erster Linie Gegentore verhindern. Das ist etwa bei einem starken Gegner ratsam, um nicht schon früh die entscheidenden Gegentore einzufangen.

„Wir dürfen jetzt nur nicht den Sand in den Kopf stecken."
Lothar Matthäus

Lothar Matthäus war ein sehr vielseitiger Spieler, das heißt: Er war stark in der Defensive und im Angriff.

Von Hasen und Mäusen

An der Aufstellung eines Teams erkennen Experten das vom Trainer gewählte Spielsystem. Und das lässt deutlich erkennen, ob eine Mannschaft „Angsthasenfußball" (also lieber defensiv) spielt oder „mit Mann und Maus stürmt" (offensiv spielt). Bestimmt hast du diese beiden Fußballausdrücke schon einmal gehört. Wer sein Spiel aus einer gestärkten Abwehr heraus aufzieht, muss jedoch nicht immer ein Angsthase sein. Eine massive, undurchdringliche Abwehr kann die gegnerische Mannschaft schnell zur Verzweiflung bringen.

Schon gewusst?

Der Begriff „totaler Fußball" bezeichnet die Spielweise einer Mannschaft, die grundsätzlich offensiv spielt. Dabei nehmen auch die Defensivspieler Positionen im Angriff ein. Der Begriff wurde in den 1970er-Jahren von der niederländischen Nationalmannschaft geprägt.

Italienisches „Catenaccio"

Auch die italienische Nationalmannschaft hat das Defensivspiel über viele Jahre hinweg erfolgreich praktiziert. Sie hat sich hinten „eingemauert" und den Gegner bis an den Strafraum herankommen lassen. Eigene Tore erzielte sie bei den wenigen Chancen, die sich für sie ergaben, zum Beispiel durch schnelle Konter. Auf diese

Englische Mannschaften stehen traditionell für die Spielweise „Kick and Rush“.

Weise konnten die Italiener zahlreiche Spiele ohne Gegentore und mit wenigen eigenen Toren gewinnen. Ein 1:0-Sieg genügte ihnen schon. Das von den Zuschauern verachtete System namens „Catenaccio“ (sprich: Kattenatschio) setzte auf fünf Abwehrspieler, drei Mittelfeldspieler und zwei Angreifer (5-3-2).

Kick and Rush

Kick and Rush bedeutet so viel wie: treten und loslaufen. Es beschreibt ein schnelles Konterspiel, bei dem das Mittelfeld durch den lang geschlagenen Ball eines Abwehrspielers überbrückt wird. Erreicht der Ball so einen Mitspieler in der gegnerischen Hälfte, ergibt sich für diesen oft eine gute Torchance.

Fußballästheten verachten diese Spielweise, weil sie auch technisch unbegabten Mannschaften zum Sieg verhilft. Denn ein paar schnelle Angreifer genügen hier schon vollkommen.

Ein sinnvolles Gleichgewicht

Heute sorgen die meisten Trainer für ein gesundes Gleichgewicht zwischen Offensiv- und Defensivabteilung. Denn es gibt nur wenige Beispiele für Teams, die über einen längeren Zeitraum erfolgreich ein unkontrolliertes Angriffsspiel praktiziert haben. Bei den meisten Teams hat sich die so genannte „kontrollierte Offensive“ durchgesetzt, das heißt: Man spielt grundsätzlich nach vorne, aber die Absicherung nach hinten bleibt auch immer gewährleistet.

»Wenn wir hier nicht gewinnen, dann treten wir ihnen wenigstens den Rasen kaputt.“
Rolf Rüssmann

Spielsysteme

Die Geschichte der Spielsysteme beginnt mit dem modernen Fußball nach 1863. Als feste Mannschaftsteile setzten sich durch: Torwart – Abwehr – Mittelfeld – Angriff. Das Mittelfeld entwickelte sich wegen der Abseitsregel (→ Seite 26/27) und wurde zum kreativen Zentrum des Spiels. Von nun an musste es mit seinen Ideen den Angriff vorbereiten. Auf diesen beiden Seiten lernst du vier Spielsystem-Klassiker kennen. Aber natürlich gibt es auch unzählige Varianten.

3-5-2-System
Vor allem in Deutschland, aber auch in vielen anderen Ländern, wurde das 3-5-2-System mit einem verstärkten Mittelfeld lange bevorzugt. Auch 1990 spielte Deutschland unter Teamchef Franz Beckenbauer mit diesem System und wurde Weltmeister.

3-4-3-System
Dieses System (auch WM-System genannt) entwickelte sich nach einer Änderung der Abseitsregel 1925: Zwischen dem gegnerischen Tor und dem angespielten Spieler mussten sich jetzt nur noch zwei Abwehrspieler (früher drei Spieler) befinden. Diese auf den ersten Blick unbedeutende Regeländerung hat das Spiel in den nächsten Jahren revolutioniert, vor allem im taktischen Verhalten. Der Spielraum wurde größer, das Spiel schneller – und es fielen mehr Tore. Dieses System war über ein Vierteljahrhundert lang auf der ganzen Welt üblich.

Die Bezeichnung „WM-System" hat nichts mit der Weltmeisterschaft (WM) zu tun. Trägt man die Grundposition der jeweiligen Spieler als Punkte auf ein Spielfeld auf, kann man die Punkte zu den Buchstaben W und M verbinden (siehe Abbildung).

„Hurra-Fußball"

Hurra-Fußball nennt man eine offensive Spielweise, bei der die Abwehrarbeit stark vernachlässigt wird. Sie war hauptsächlich in den Anfängen des Fußballspiels und vor allem im Mutterland England beliebt. „Hurra" steht dabei stellvertretend für das begeisterte Anstürmen auf das gegnerische Tor.

4-4-2-System
Das 4-4-2-System ist eine der häufigsten Aufstellungen im modernen Fußball. Die Mittelfeldspieler unterstützen dabei sowohl die Abwehr, die meistens auf einer Linie spielt, bringen aber auch die Stürmer zum Beispiel mit Flanken in eine gute Position.

Unzählige Varianten

Neben den auf diesen Seiten vorgestellten Klassikern gibt es noch sehr viele andere Aufstellungsmöglichkeiten. Trainer überall auf der Welt haben immer wieder herumexperimentiert, um mit außergewöhnlichen Methoden Spiele zu entscheiden. Einige davon werden noch immer mit Erfolg praktiziert, andere sind längst in Vergessenheit geraten. Auch in der Namensgebung der Spielvarianten zeigten die Trainer sehr viel Fantasie: Sie erfanden Bezeichnungen wie „Schottische Furche“, „Punta-da-Lanza-System“, „Metodo“, „Schweizer Riegel“ oder „Brasilianischer Halbriegel“. Das klingt doch alles ziemlich interessant, nicht wahr?

4-2-4-System
In den späten 1950er-Jahren waren Weltmeister Brasilien um Superstar Pelé und in Europa die ungarische Nationalmannschaft die erfolgreichsten Mannschaften. Auf Vereinsebene begeisterte die Starelf von Real Madrid das Publikum. Alle spielten ein 4-2-4-System, verstärkten also die Abwehr. Durch das dünn besetzte Mittelfeld konnte das Spiel schnell von der Defensive in die Offensive verlagert werden.

Mit einem guten Spielsystem und Weltklassefußballern ist ein Team fast unschlagbar. Das lernten die Gegner des Weltmeisters Brasilien 1958.

Die Abseitsfalle

Die Abseitsfalle ist zugeschnappt. Die Fahne des Linienrichters ist oben!

Im Zuge der Abseitsregel (→ Seite 26/27) ist die „Abseitsfalle" zu einer beliebten Spieltaktik geworden. Sie wird mittlerweile in allen Profi- und Amateurligen eingesetzt und kann die Angreifer in den Wahnsinn treiben. Mit der Abseitsfalle lässt eine verteidigende Mannschaft einen gegnerischen Angreifer ganz gezielt ins Abseits laufen, indem die Verteidiger, kurz bevor dieser angespielt wird, schnell nach vorne laufen, also vom eigenen Tor weg. Zwischen dem anzuspielenden Gegner und dem eigenen Torwart darf im Moment des Abspiels kein Abwehrspieler mehr stehen.

Eine Frage der Reaktion

Diese Taktik erfordert jedoch ein Höchstmaß an Disziplin und Aufmerksamkeit. Passt nur ein einziger Verteidiger nicht auf und „schläft", hebt er das Abseits auf. Damit die Abseitsfalle also klappt, müssen alle Abwehrspieler die Situation rechtzeitig erkennen und schnell reagieren, sich gegen die Angriffsrichtung bewegen und dabei versuchen, den Angreifer hinter sich zu lassen. Gelingt das nicht, steht kein Verteidiger parat, um den angreifenden Spieler am Torschuss zu hindern. Häufig gibt der Libero oder ein anderer hierzu bestimmter Spieler im richtigen Augenblick das Kommando. Diesem Befehl sollten die anderen schleunigst folgen.

Abseitsfalle
Bei der Abseitsfalle läuft die gesamte Abwehr auf Kommando nach vorne. Entscheidend ist das richtige Timing!

Jede Menge Spaß: Fußballspielchen weltweit

Fußballvolleyball & Co.

Fußball macht Spaß – auch außerhalb des Platzes. Hier ein paar Funsport-Varianten, die nicht nur viel Laune machen, sondern auch Ballgefühl und Technik verbessern.

Fußballvolleyball

Für Fußballvolleyball benötigt ihr nicht mehr als ein Netz mit Ständer (gibt es im Sportgeschäft) und eine ebene Spielfläche, die etwa 18 mal 9 Meter groß sein sollte. Das Netz – ihr könnt ersatzweise auch eine Schnur verwenden – spannt ihr auf etwa 1,50 Meter Höhe. Wie viele Spieler mitmachen, bestimmt ihr selbst. Auf jeder Seite des Netzes muss sich natürlich mindestens ein Spieler befinden. Die Idealbesetzung wäre drei gegen drei oder fünf gegen fünf. Jetzt kann es losgehen: Zur Angabe wird der Ball aus der Hand mit dem Fuß übers Netz gespielt. Der Ball muss nun von beiden Mannschaften abwechselnd über das Netz gespielt werden, ohne dass dieser während eines Ballwechsels den Boden berührt.

Teamschießen

Mit diesem Spiel könnt ihr das zielgenaue Passspielen trainieren. Stellt zwei oder mehr Mannschaften mit der gleichen Anzahl an Spielern zusammen. Jedes Team bekommt einen Ball und ein „Ziel“. Als Ziel könnt ihr ein „Hütchen“ oder einen ähnlichen Gegenstand verwenden. Die Teams stellen sich nebeneinander an einer Linie entlang auf und stellen ihr Ziel genau vier Meter vor sich. Nach einem Startsignal versuchen die Spieler der einzelnen Teams nacheinander mit dem Ball ihr Ziel zu treffen, also zu berühren. Sobald einer der Spieler das Ziel trifft, wird dieses zwei

Beim Fußballvolleyball darf der Ball den Boden nicht berühren!

Meter weiter nach hinten gestellt. Wird das Ziel an dieser Stelle wieder getroffen, darf es erneut weiter weggestellt werden. Macht vorher eine bestimmte Distanz aus.

Boule und Bocchia

Zuerst legt ihr ein Ziel fest. Ihr könnt zum Beispiel ein „Hütchen" aufstellen oder Torwarthandschuhe aufs Spielfeld werfen. Alle Spieler versuchen nun der Reihe nach, den Ball mit einem gefühlvollen Schuss mit der Fußinnenseite möglichst nah an das Ziel heranzubringen. Dabei muss der Ball das Ziel nicht treffen. Auch wenn er kurz davor liegen bleibt, ist das eine gute Sache. Und wenn einer eurer Mitspieler seinen Ball bereits knapp neben dem Ziel platziert hat? Dann versucht ihr, diesen wegzukicken. Und schon liegt euer Ball näher am Ziel.

Basketball

Mit diesem Spiel könnt ihr besonders gut euer Kopfballspiel trainieren und verbessern. Wenn ihr mindestens zu sechst seid (pro Mannschaft je zwei Spieler und einer, der den Korb hält), könnt ihr gleich anfangen. Als Korb können zum Beispiel ein Abfalleimer oder ein leerer Karton dienen. Das Ziel des Spiels ist es, den Ball in den Korb zu köpfen. Wie beim Handball oder Basketball spielt ihr euch den Ball so lange mit der Hand zu, bis sich eine tolle Position zum Köpfen ergibt. Euer Mitspieler wirft euch den Ball möglichst genau auf den Kopf. Ihr erzielt einen Treffer, wenn ihr es schafft, den Ball in den Korb zu köpfen. Das Gute daran: Der Korbhalter spielt mit. Das heißt, er steht nicht bewegungslos auf einer Stelle, sondern kann in die Flugbahn des Balls laufen, um ihn zu erreichen.

Das Basketballspiel ist ein tolles Training für die Kopfballtechnik.

Freizeit ist Fußballzeit – weltweit!

In den meisten Ländern auf der Erde ist Fußball die Sportart Nummer eins. Kein Wunder, dass Kinder, Jugendliche und Erwachsene auch in fernen Staaten keine Gelegenheit auslassen, in ihrer freien Zeit gegen das runde Leder zu treten.

In den asiatischen Ländern wird Fußball immer beliebter. Vielleicht können wir eines dieser Kinder aus einem SOS-Kinderdorf in Hanoi (Vietnam) später einmal in der Bundesliga sehen.

Beim Fußballspiel können die Kinder in diesem Flüchtlingslager im Kongo (Afrika) für kurze Zeit die Sorgen des Alltags vergessen.

In jedem kleinen Dorf

Dass Fußball nicht immer ein Rasenspiel ist, wisst ihr bereits. Die meisten kleinen Vereine in Europa besitzen nur Hart- oder Kunstrasenplätze. Davon können die Menschen in vielen Teilen der Welt nur träumen. Sie sind oft froh, einen Ball zu haben und einen großen Platz, auf dem zwei Tore markiert werden können. Achtet einmal darauf, wenn ihr in fernen Ländern unterwegs seid: Zumindest einen Bolzplatz findet ihr in jedem noch so kleinen Dorf. Ganz egal, ob es sich im dichten Regenwald Südamerikas oder in der afrikanischen Wüste befindet. Fußballfans gibt es eben überall.

Japan und Südkorea waren die Veranstalter der Weltmeisterschaft 2002. Seitdem gibt es in beiden Ländern einen großen Fußballboom.

Platznot macht erfinderisch: Im dicht besiedelten Tokio (Japan) muss auch mal ein Hochhausdach als Fußballplatz herhalten.

Der Fußball als Chance

Der Fußball ist für die Kinder in ärmeren Ländern nicht nur ein lustiger Zeitvertreib. In vielen Teilen Südamerikas und Afrikas können es sich die Eltern finanziell nicht leisten, ihre Kinder zur Schule zu schicken. Schon früh müssen die Kinder und Jugendlichen im Haushalt mit anpacken oder mit einem schlecht bezahlten Job die Familie unterstützen. Doch wer keine Schulbildung erhält, hat kaum eine Chance auf einen guten Beruf, um seinen Lebensstandard und den seiner Familie zu verbessern. Aus diesem Grund träumen viele Kinder in den Ländern der Dritten Welt von einer Karriere als Fußballstar. Sie trainieren hart und versuchen, wann immer es geht, ihr Talent unter Beweis zu stellen. Vielleicht werden sie ja eines Tages entdeckt und ein großer Verein holt sie in sein Team?

Fußball am Strand

Beim Kicken am Strand wird fast immer ohne Körperkontakt gespielt, weil keiner dem anderen auf die nackten Füße treten will – dafür gibt es umso mehr fußballerische Kunststücke!

Schon seit den 1920er-Jahren kicken die Kinder in Brasilien an ihren Stränden. Und da der Ball auf dem unebenen Boden nicht weit rollt, sondern schnell stecken bleibt, sind verschiedene fußballerische Kunststücke nötig, um ihn in Richtung des Tors zu befördern.

Beachsoccer

Das scheinbar sorglose Spiel, das viele wegen der rhythmischen Bewegungen mit dem Sambatanz in Verbindung bringen, hat mittlerweile auch Europa erobert. Als Beachsoccer (das ist das englische Wort für „Strandfußball") hat es längst unsere Großstädte erreicht – und das, obwohl wir in Zentraleuropa überhaupt keine Strände haben. Die Lösung ist jedoch einfach: Riesige Mengen Sand werden aufgeschüttet, um die tolle Strandatmosphäre nachzuempfinden.

Barfuß am Ball

Die Geschichte des brasilianischen Strandfußballs ist aber nicht ganz so lustig, wie sie auf den ersten Blick erscheint. Viele Kinder, Jugendliche und auch Erwachsene konnten und können sich dort keine teuren Fußballschuhe leisten. Und diese sind bekanntlich im Sand völlig überflüssig, wo in erster Linie die Ballzauberei im Vordergrund steht.

Treffpunkt der Elite-Kicker: Die große Fußballwelt

Vereinsfußball

Wird ein Verein neu gegründet, beginnt er in der untersten Spielklasse – und versucht von nun an aufzusteigen. Das Interesse der Zuschauer und Sponsoren wird größer, je höher ein Verein spielt.

Fast jeder Fußballverein, sei er auch noch so klein und unbedeutend, träumt davon, irgendwann einmal in einer höheren Klasse zu spielen. Doch nur wenige schaffen es in den Profibereich. Denn der sportliche Erfolg eines Vereins ist eng verbunden mit den finanziellen Mitteln, die ihm zur Verfügung stehen. Wie die Bezeichnungen Profifußball oder „bezahlter" Fußball schon sagen, ist bei den großen Vereinen mittlerweile sehr viel Geld mit im Spiel.

Eine Frage des Geldes

Um in eine höhere Spielklasse aufzusteigen, benötigt ein Verein Spieler, die besser sind als die seiner Konkurrenten. Aber woher bekommt er diese? Vielleicht aus der eigenen Jugend? Das ist dann ein besonderer Glücksfall. Meistens wechseln gute Spieler jedoch gegen eine Ablösesumme zu einem anderen Verein. Diese Ablösesumme zahlt der neue an den alten Verein des Spielers. Zusätzlich verlangt ein guter Spieler auch ein hohes Gehalt und das nicht nur im bezahlten Spitzenfußball. Auch in den oberen Amateurligen

Tasmania 1900 Berlin gilt als erfolglosester Verein in der Bundesligageschichte. In der Saison 1965/66 spielte er in der höchsten deutschen Liga und konnte nur zwei von 34 Spielen gewinnen. Dann kam der Abstieg: Heute ist die „Tasmania" aus dem Vereinsregister gestrichen.

sind hervorragende Spieler heutzutage nur gegen eine entsprechende Bezahlung zu bekommen.

Die Sponsoren

Wie kommt ein Verein aber zu genügend Geld, um ein Siegerteam zusammenstellen zu können? Neben Eintritts- und Fernsehgeldern treten Sponsoren als Geldgeber auf. Im Gegenzug dürfen sie ihre Werbung auf dem Trikot oder auf einer Bande im Stadion platzieren. Manche Vereine verkaufen sogar den Namen ihres Stadions an Sponsoren: die AOL Arena in Hamburg, die Allianz Arena in München oder die Commerzbank Arena in Frankfurt sind Beispiele. Manchmal kann man den Geldgeber auch am Vereinsnamen erkennen: Bayer Leverkusen wird etwa vom Chemiekonzern Bayer gefördert, dem größten Unternehmen der Stadt. In Wolfsburg ist der Autokonzern VW zu Hause. Klar also, dass das VW-Logo auf der Brust der Wolfsburger Trikots glänzt.

Die glücklichen Ausnahmen

Doch es gibt Ausnahmen. Immer wieder gelingt es kleinen Vereinen mit wenig Geld, ganz nach oben zu kommen. Vielleicht, weil die Mannschaft trotz schlechterer Einzelspieler ein tolles Team bildet. Andererseits gibt es viele „reiche" Vereine, die aus hoch bezahlten Einzelspielern keine erfolgreiche Mannschaft formen konnten.

„Mal verliert man und mal gewinnen die anderen."
Otto Rehhagel

Die Bundesliga ist ein Zuschauermagnet. Doch nicht nur die zahlenden Stadionbesucher sorgen für Geld in der Kasse. Auch mit Spielübertragungen im Fernsehen bessern die Vereine ihre Finanzen auf.

Die Bundesliga

Wer deutscher Meister wird, bekommt statt eines Pokals eine Schale überreicht. Wegen ihrer ungewöhnlichen Form wird die Schale auch „Salatschüssel" genannt.

„Nie mehr zweite Liga" singen die Fans, sobald ihrem Verein der Aufstieg in die höchste Spielklasse, die erste Bundesliga, geglückt ist. Hier warten Erfolg und Ruhm, hier können sich Spieler für internationale Einsätze empfehlen und hier wird das meiste Geld verdient.

Schon gewusst?

Ausrichter und Organisator der Bundesliga ist der Ligaverband mit Sitz in Frankfurt am Main, der im Jahr 2001 unter dem Dach des DFB (Deutscher Fußball-Bund) die Verantwortung für die Lizenzligen übernommen hat.

Der Startschuss

Der Startschuss zur Bundesliga, so wie wir sie heute kennen, fiel am 24. August 1963. Davor gab es keine einheitliche höchste Spielklasse, sondern die fünf Oberligen Nord, Süd, West, Südwest und Berlin. Dort spielten hauptsächlich Amateure. Trainiert und gespielt wurde vor allem nach Feierabend. Deshalb forderte beispielsweise der damalige Bundestrainer Sepp Herberger die Einführung des Profifußballs nach englischem Vorbild und warb für die Bundesliga. Vor dem Bundesligastart hatte nämlich noch keine deutsche Mannschaft einen Europapokal gewonnen.

Das Interesse der Öffentlichkeit ist groß. Spieler und Trainer werden in jeder Sekunde beobachtet.

Samstags regiert der Fußball

Damals wie heute fiebern die Fans samstags und sonntags mit ihrem Lieblingsverein: in den Stadien, vor dem Radio oder Fernseher. Die Bundesliga ist aus dem öffentlichen Leben nicht wegzudenken. Keine Sportart ist populärer, über keine Liga wird mehr berichtet als über die Bundesliga. Habt ihr schon einmal beobachtet, welchen Teil der Zeitung die Männer – und immer mehr Frauen – in eurer Familie montags als Ersten aufschlagen? Es ist der Sportteil, in dem die Spielberichte abgedruckt sind.

Die Krönung jeder Meisterschaft: Die Fans jubeln ihrer Meister-Mannschaft zu – wie hier auf dem Marienplatz in München.

Lieblingsvereine

Jeder Fußballfan hat seinen Lieblingsverein, für den er während der Bundesligasaison an jedem Samstag oder Sonntag die Daumen drückt. Hat er keinen, ist er auch kein richtiger Fan, sondern ein neutraler Beobachter des Geschehens. Nur als echter Fan weint man mit seiner Mannschaft bei einem Abstieg und nur als Fan macht man Freudensprünge beim Gewinn der deutschen Meisterschaft. Hunderttausende Fans pilgern jedes Wochenende in ihrer „Kutte", so wird die Fankleidung in den Vereinsfarben auch genannt, ins Stadion, um ihr Team anzufeuern. Hat auch dich dieses Fieber schon gepackt?

Bundesliga-Torschützenkönige seit 1995

1995	Mario Basler	Werder Bremen	20
	Heiko Herrlich	Borussia Mönchengladbach	20
1996	Fredi Bobic	VfB Stuttgart	17
1997	Ulf Kirsten	Bayer Leverkusen	22
1998	Ulf Kirsten	Bayer Leverkusen	22
1999	Michael Preetz	Hertha BSC Berlin	23
2000	Martin Max	TSV 1860 München	19
2001	Ebbe Sand	Schalke 04	22
	Sergej Barbarez	Hamburger SV	22
2002	Martin Max	TSV 1860 München	18
	Marcio Amoroso	Borussia Dortmund	18
2003	Giovane Elber	FC Bayern München	21
	Thomas Christiansen	VfL Bochum	21
2004	Ailton	Werder Bremen	28
2005	Marek Mintal	1. FC Nürnberg	24

Highlights und Rekorde

Highlights, das sind die Glanzlichter und Höhepunkte in der langjährigen Geschichte der Bundesliga. Viele Momente bleiben für immer in Erinnerung, manche Rekorde scheinen für die Ewigkeit gemacht.

Der ungekrönte König

Er gilt als der beste Stürmer aller Zeiten: Gerd Müller, auch bekannt unter seinem Spitznamen „Bomber der Nation" oder „Kleines dickes Müller". Der erfolgreichste deutsche Torjäger hatte einen tollen Tor-Riecher und erzielte mit allen Körperteilen Treffer. Gerd Müller stieg mit dem FC Bayern München 1965 in die Bundesliga auf und machte die Bayern mit seinen Toren zu einem der besten Vereine Europas. Siebenmal wurde der Weltmeister von 1974 Torschützenkönig, einmal sogar mit 40 Toren. Das ist noch heute deutscher Rekord.

Charlie Körbel

Charlie Körbel trug in jedem seiner Rekordspiele das Trikot von Eintracht Frankfurt.

Gerd Müller

Die Trefferquote von Gerd Müller (links) ist Rekord: In 427 Bundesligaspielen erzielte er unglaubliche 365 Tore.

Der treue Charlie

Karl-Heinz („Charlie") Körbel absolvierte insgesamt 602 Spiele für Eintracht Frankfurt. Wegen seiner Vereinstreue wurde der Rekordbundesligaspieler auch „der treue Charlie" genannt. Kein Spieler kann bis heute mehr Einsätze in der höchsten deutschen Spielklasse vorweisen.

Dieter Müller

Den 17. August 1977 wird Dieter Müller wohl nie vergessen. Sechsmal erschien sein Name auf der Anzeigentafel.

Meister-Trainer

Der erfolgreichste Bundesliga-Trainer war Udo Lattek. Er wurde insgesamt achtmal deutscher Meister: sechsmal als Coach von Bayern München (1972, 1973, 1974, 1985, 1986, 1987), zweimal mit Borussia Mönchengladbach (1976, 1977).

Sechs auf einen Streich

Dieter Müller vom 1. FC Köln gelang am 17. August 1977 beim 7:2-Erfolg seiner Mannschaft gegen Werder Bremen ein bislang einmaliges Kunststück: Er erzielte in einem einzigen Bundesligaspiel sechs Tore.

Manfred Kaltz

Der Elfmeter-Rekordhalter Manfred Kaltz gilt auch als Erfinder der Bananenflanke.

Der Vollstrecker

Manfred Kaltz vom Hamburger SV erzielte in seiner Laufbahn 53 Elfmeter-Tore (bei 60 Versuchen). So viele hat sonst keiner geschafft. Manfred Kaltz hält übrigens auch den Rekord für die meisten Eigentore: Er traf sechsmal unabsichtlich ins eigene Netz.

Des einen Freud …

… ist des anderen Leid. Am 29. April 1978 schoss die „Fohlen"-Elf von Borussia Mönchengladbach Borussia Dortmund mit 12:0 ab. Das war der höchste Bundesligasieg aller Zeiten.

Die deutschen Top-Vereine

Sie wurden Meister. Sie sind Kult. Sie sind „unabsteigbar". Sie haben Außergewöhnliches geleistet. Diese Vereine können aus all jenen herausgehoben werden, die schon in der Bundesliga spielten.

FC Bayern München

Die erfolgreichste deutsche Vereinsmannschaft aller Zeiten schlägt alle Rekorde. Kein anderer Verein hat mehr Siege erzielt und kein deutsches Team war national und international erfolgreicher.

FC Bayern München

Gegründet: 27. Februar 1900
Stadion: Allianz Arena
Farben: Rot-Weiß
Erfolge: 19 x deutscher Meister, 12 x DFB-Pokalsieger, 6 x Europapokalsieger, 2 x Weltcupsieger

Hamburger SV

Kein anderer Verein ist so lange in der Bundesliga wie der Hamburger Sportverein. Er war von Beginn an mit dabei und ist seitdem noch nie abgestiegen. Über 1400 Spiele hat der Verein schon in der höchsten Spielklasse bestritten.

Hamburger SV

Gegründet: 29. September 1887
Stadion: AOL Arena
Farben: Schwarz-Weiß-Blau
Erfolge: 6 x deutscher Meister, 3 x DFB-Pokalsieger, 2 x Europapokalsieger

1. FC Köln

Der 1. FC Köln war im Jahr 1964 der erste deutsche Meister in der Bundesligageschichte. Die Mannschaft wird häufig auch „Geißbockelf" genannt. Der Grund: Das Wappentier des Vereins ist ein Ziegenbock.

1. FC Köln

Gegründet: 13. Februar 1948
Stadion: RheinEnergieStadion
Farben: Rot-Weiß
Erfolge: 2 x deutscher Meister, 4 x DFB-Pokalsieger

Borussia Mönchengladbach

Borussia Mönchengladbach feierte im April 1978 den höchsten Sieg in der Bundesliga-Geschichte. Mit 12 : 0 gewann die Mannschaft zu Hause gegen Borussia Dortmund. Mönchengladbach war auch der erste Verein, der seinen Meistertitel in der folgenden Saison verteidigen konnte. Da Mönchengladbach in den 1970er-Jahren mit einem jungen Team die größten Erfolge hatte, wird die Mannschaft noch heute „Fohlenelf" genannt.

Borussia Mönchengladbach

Gegründet: 1. August 1900
Stadion: Stadion im Borussen-Park
Farben: Grün-Weiß-Schwarz
Erfolge: 5 x deutscher Meister, 3 x DFB-Pokalsieger, 2 x Europapokalsieger

Bayer 04 Leverkusen

170 Mitarbeiter der Farbenfabrik Bayer & Co. baten im Jahr 1903 ihre Firmenchefs um Unterstützung bei der Gründung eines Sportvereins. Damit begann die Erfolgsstory des berühmtesten Betriebssportvereins Deutschlands, der seit 1979 ununterbrochen in der ersten Liga spielt.

1. FC Kaiserslautern

In der Saison 1997/98 gelang es dem 1. FC Kaiserslautern, in die Bundesliga aufzusteigen und sofort Meister zu werden. Das schaffte vorher noch kein Team! Der damalige Trainer war Otto Rehhagel, der später mit Griechenland Europameister wurde. Wegen ihrer Trikotfarbe nennen die Fans ihr Team ‚die roten Teufel".

„Ich brauche Spieler, die am Ball besser sind als am Mikro."
Otto Rehhagel

Bayer 04 Leverkusen

Gegründet: 1. Juli 1904
Stadion: BayArena
Farben: Schwarz-Rot
Erfolge: 1 x DFB-Pokalsieger, 1 x Europapokalsieger

1. FC Kaiserslautern

Gegründet: 2. Juni 1900
Stadion: Fritz-Walter-Stadion
Farben: Rot-Weiß
Erfolge: 4 x deutscher Meister, 2 x DFB-Pokalsieger

Die deutschen Top-Vereine

FC Schalke 04

In und um Schalke lebten und leben noch heute viele Menschen vom Bergbau. Die enge Verbindung zu dieser Arbeitsregion, dem „Revier", brachte der Schalker Mannschaft den Spitznamen „die blau-weißen Fußballknappen" ein.
Als Knappen bezeichnet man nämlich Bergmänner mit abgeschlossener Lehre.
Spielerlegende der Schalker ist Ernst Kuzorra, der das Team in den 1930er-Jahren von Erfolg zu Erfolg führte.

FC Schalke 04

Gegründet: 4. Mai 1904
Stadion: Veltins Arena
Vereinsfarben: Blau-Weiß
Erfolge: 7 x deutscher Meister, 4 x DFB-Pokalsieger, 1 x Europapokalsieger

F. C. Hansa Rostock

Gegründet: 28. Dezember 1965
Stadion: Ostseestadion
Vereinsfarben: Weiß-Blau

1. FC Nürnberg

Der „Club", wie der Verein auch genannt wird, gehörte vor dem Zweiten Weltkrieg neben Schalke 04 zu den beiden besten deutschen Vereinen. Nach einigen Auf- und Abstiegen hofft der 1. FC Nürnberg mit seiner über 100-jährigen Geschichte, bald wieder an die Leistungen alter Tage anknüpfen zu können. Schließlich konnte bis heute kein Team – außer dem FC Bayern – mehr Meisterschaften gewinnen.

1. FC Nürnberg

Gegründet: 4. Mai 1900
Stadion: Franken-Stadion
Vereinsfarben: Rot-Weiß
Erfolge: 9 x deutscher Meister, 3 x DFB-Pokalsieger

F. C. Hansa Rostock

Nach der Wiedervereinigung Deutschlands 1990 wurden die damaligen Ostklubs in den Spielbetrieb des DFB aufgenommen. Der F. C. Hansa war viele Jahre der erfolgreichste Verein der neuen Bundesländer. In der früheren DDR-Liga wurde der Verein viermal Vizemeister.

Borussia Dortmund

Das Dortmunder Westfalenstadion wurde für die WM 2006 zum größten Stadion Deutschlands (82 932 Plätze) ausgebaut. Die riesige Fangemeinde der Dortmunder braucht auch bei Bundesligaspielen viel Platz. Dortmund ist der große Rivale des FC Schalke 04: Die Städte liegen nah beieinander, sodass das Aufeinandertreffen beider Mannschaften (das „Derby“) immer zu einem großen Fest wird.

Borussia Dortmund

Gegründet: 20. Dezember 1909
Stadion: Westfalenstadion
Vereinsfarben: Schwarz-Gelb
Erfolge: 6 x deutscher Meister, 2 x DFB-Pokalsieger, 2 x Europapokalsieger, 1 x Weltcupsieger

Werder Bremen

Gegründet: 4. Februar 1899
Stadion: Weserstadion
Vereinsfarben: Grün-Weiß
Erfolge: 4 x deutscher Meister, 5 x DFB-Pokalsieger, 1 x Europapokalsieger

Werder Bremen

„Werder“ nennt man in Norddeutschland das Land, das von einem Fluss überschwemmt wurde, wie zum Beispiel der „Stadtwerder“ in der Nähe des Bremer Weserstadions. Vor allem im Europapokal gelingt es dem Meister aus dem Jahr 2004 häufig, hohe Hinspielniederlagen vor heimischem Publikum noch „umzubiegen“.

VfB Stuttgart

Der VfB („Verein für Bewegungsspiele“) Stuttgart hat dank seiner guten Jugendarbeit und seinem Gespür für junge Talente schon eine große Anzahl von Nationalspielern hervorgebracht. Die Weltmeister Guido Buchwald und Jürgen Klinsmann spielten viele Jahre für den Schwabenverein. Auch Stürmerstar Kevin Kuranyi spielte lange für den VfB.

VfB Stuttgart

Gegründet: 9. September 1893
Stadion: Gottlieb-Daimler-Stadion
Vereinsfarben: Weiß-Rot
Erfolge: 4 x deutscher Meister, 3 x DFB-Pokalsieger

Der DFB-Pokal

Bayern München besiegte im Cup-Finale 2005 den FC Schalke 04 und sicherte sich das Double – den Gewinn von Pokal und Meisterschaft in einer Saison.

Pokalwettbewerbe wie der DFB-Pokal sind für Spieler und Fans etwas ganz Besonderes. Das liegt zum einen daran, dass im k.-o.-System gespielt wird. Wer nur ein einziges Spiel verliert, scheidet aus.
Zum anderen dürfen auch Amateurmannschaften aus den unteren Spielklassen an diesem Wettbewerb teilnehmen. Wenn sie auf einen der großen Klubs treffen, kann es schon einmal eine Überraschung geben, wenn die „Kleinen“ das Spiel gewinnen.

Die Auslosung

Die Spannung beginnt schon vor dem Anpfiff: Vor jeder Runde werden die Partien ausgelost. Kein Verein weiß also, auf welchen Gegner er nach einem Sieg in der nächsten Runde trifft. Vor allem in den ersten beiden Runden sind noch sehr viele Amateurvereine im Lostopf. Wird einem Amateurverein ein Profiklub aus der ersten oder zweiten Liga zugelost, hat der Amateurverein immer Heimrecht.

Heimrecht

Das Heimrecht für Amateurvereine hat zwei Gründe: Erstens können die Zuschauer die großen Stars endlich einmal ganz aus der Nähe erleben – das Stadion ist ausverkauft, was den kleinen Vereinen viel Geld bringt. Zweitens sollen durch den „12. Mann“ Leistungsunterschiede auf dem Platz ausgeglichen werden. Der „12. Mann“ sind die Zuschauer, die ihre Mannschaft durch ihre Unterstützung zu Höchstleistungen anfeuern können.

Schon gewusst?

Der DFB-Pokal wiegt gut sechs Kilo und in seinem Sockel sind alle Siegermannschaften eingraviert. In jedem Jahr kommt also ein neuer Verein dazu. 2002 musste der Pokal generalüberholt werden: Auf der Siegesfahrt durch Gelsenkirchen war er dem Manager von Schalke 04, Rudi Assauer, vom LKW gefallen.

Der Weg nach Berlin

„Berlin, Berlin, wir fahren nach Berlin", singen die Fans nach fast jedem Sieg ihrer Mannschaft im DFB-Pokal. Denn das Finale wird traditionell in der deutschen Hauptstadt ausgetragen. Klar, dass dort jeder Klub hinmöchte. Doch mit jeder Runde trennt sich mehr die „Spreu vom Weizen", die schwächeren Klubs scheiden nach und nach aus. Am Ende stehen sich die beiden konstantesten Teams im Endspiel gegenüber. Der Sieger gewinnt den „Cup" (englisch für Pokal) und darf am UEFA-Cup (→ Seite 86) teilnehmen.

Der DFB-Pokal: Er ist rund 100 000 Euro wert – für die Sieger aber sicherlich noch viel mehr!

Zeit für Sensationen

Nicht selten gelingt es einem kleinen Verein, einem der Favoriten ein Bein zu stellen. Das ist möglich, weil die guten Fußballer die schlechteren und deren Kampfgeist oft unterschätzen und nicht mit dem nötigen Engagement spielen. Häufig sind die Profis auch die schlechteren Platzverhältnisse nicht gewohnt. Sie bezeichnen den Rasen dann auch als „Acker".

Im Stadion der Amateurvereine herrscht Festtagsstimmung, wenn die großen Stars besiegt werden – wie hier im Jahr 2000, als der FC Magdeburg den FC Bayern München, den 1. FC Köln sowie den Karlsruher SC ausschaltete.

Deutsche Meister und Pokalsieger

Deutsche Meister seit Gründung der Bundesliga

1964	1. FC Köln	**1984**	VfB Stuttgart
1965	SV Werder Bremen	**1985**	FC Bayern München
1966	TSV 1860 München	**1986**	FC Bayern München
1967	Eintracht Braunschweig	**1987**	FC Bayern München
1968	1. FC Nürnberg	**1988**	SV Werder Bremen
1969	FC Bayern München	**1989**	FC Bayern München
1970	Borussia Mönchengladbach	**1990**	FC Bayern München
1971	Borussia Mönchengladbach	**1991**	1. FC Kaiserslautern
1972	FC Bayern München	**1992**	VfB Stuttgart
1973	FC Bayern München	**1993**	SV Werder Bremen
1974	FC Bayern München	**1994**	FC Bayern München
1975	Borussia Mönchengladbach	**1995**	Borussia Dortmund
1976	Borussia Mönchengladbach	**1996**	Borussia Dortmund
1977	Borussia Mönchengladbach	**1997**	FC Bayern München
1978	1. FC Köln	**1998**	1. FC Kaiserslautern
1979	Hamburger SV	**1999**	FC Bayern München
1980	FC Bayern München	**2000**	FC Bayern München
1981	FC Bayern München	**2001**	FC Bayern München
1982	Hamburger SV	**2002**	Borussia Dortmund
1983	Hamburger SV	**2003**	FC Bayern München
		2004	SV Werder Bremen
		2005	FC Bayern München

DFB-Pokalsieger

1964	TSV 1860 München
1965	Borussia Dortmund
1966	FC Bayern München
1967	FC Bayern München
1968	1. FC Köln
1969	FC Bayern München
1970	Kickers Offenbach
1971	FC Bayern München
1972	FC Schalke 04
1973	Borussia Mönchengladbach
1974	Eintracht Frankfurt
1975	Eintracht Frankfurt
1976	Hamburger SV
1977	1. FC Köln
1978	1. FC Köln
1979	Fortuna Düsseldorf
1980	Fortuna Düsseldorf
1981	Eintracht Frankfurt
1982	FC Bayern München
1983	1. FC Köln
1984	FC Bayern München
1985	Bayer 05 Uerdingen
1986	FC Bayern München
1987	Hamburger SV
1988	Eintracht Frankfurt
1989	Borussia Dortmund
1990	1. FC Kaiserslautern
1991	Werder Bremen
1992	Hannover 96
1993	Bayer 04 Leverkusen
1994	SV Werder Bremen
1995	Borussia Mönchengladbach
1996	1. FC Kaiserslautern
1997	VfB Stuttgart
1998	FC Bayern München
1999	SV Werder Bremen
2000	FC Bayern München
2001	FC Schalke 04
2002	FC Schalke 04
2003	FC Bayern München
2004	SV Werder Bremen
2005	FC Bayern München

Fußball in Österreich

Seit 1911 werden in Österreich offizielle Fußballmeisterschaften ausgetragen. In ihrer jetzigen Form besteht die österreichische Bundesliga aber erst seit 1991. Die beiden höchsten Spielklassen, in denen Profifußball gespielt wird, heißen T-Mobile Bundesliga und Red Zac Erste Liga. Die Bezeichnungen beinhalten den Namen der jeweiligen Hauptsponsoren, die damit Mitausrichter und Mitveranstalter der Meisterschaftsspiele sind.

Alpenmeister

Die Sponsoren haben in Österreich eine noch stärkere Bedeutung als in Deutschland, weil es in der Alpenrepublik viel weniger zahlende Zuschauer gibt: Selten besuchen mehr als 5000 Fans ein Meisterschaftsspiel. Das geringe Zuschauerinteresse hat jetzt zu der Überlegung geführt, eine Alpenmeisterschaft auszurichten. Die Österreicher und Schweizer würden dann einen gemeinsamen Meister ausspielen.

Die Wiener Bayern

Was Bayern München in Deutschland, das ist Rapid Wien in Österreich. Im Jahr 2005 holte sich der Verein die 31. Meisterschaft. Das ist unangefochtener Rekord! Nicht viel schlechter ist die Bilanz des zweiten großen Hauptstadtvereins: Austria Wien ist 22facher österreichischer Meister.

Austria Wien im Jahr 2005 beim UEFA-Cup-Spiel gegen den FC Parma

Auch im Jahr 2005 konnten die Spieler von Rapid Wien die Meisterschaft feiern.

Internationale Titel

Nur knapp haben die österreichischen Vereine auf europäischer Ebene einen Titel verpasst: 1978 standen Austria Wien, 1985 und 1996 Rapid Wien und 1994 Austria Salzburg jeweils im Europacup-Finale. Leider gingen die Endspiele alle verloren.

In der Champions League spielten schon Austria Wien (1992/93, 1993/94), Austria Salzburg (1994/95), Rapid Wien (1996/97, 2005/06) und Sturm Graz (1998/99, 1999/2000, 2000/01).

Klasse-Fußballer

Österreich kann auf eine große Anzahl von Klasse-Fußballern zurückblicken: Hans Krankl zum Beispiel wurde durch sein Siegtor beim WM-Spiel 1978 in Argentinien zur österreichischen Spielerlegende. Damals schlug Österreich Deutschland mit 3 : 2. Toni Polster spielte erfolgreich beim 1. FC Köln und Andreas Herzog wurde deutscher Meister mit Werder Bremen sowie UEFA-Cup-Sieger mit Bayern München.

Als bester österreichischer Fußballer aller Zeiten gilt jedoch Matthias Sindelar, der „der Papierene" genannt wurde. Er führte Anfang der 1930er-Jahre das so genannte „Wunderteam" an. Damals schlug das österreichische Nationalteam alle großen Fußballnationen. Doch leider nur außerhalb der großen Mannschaftswettbewerbe.

Der Sieger der Meisterschaft darf diese Meisterschale in Empfang nehmen.

Fußball in der Schweiz

Die 28 Schweizer Profifußballvereine sind in der Swiss Football League organisiert. In der ersten Liga, der Axpo Super League (ASL), kämpfen insgesamt zehn Vereine um die Meisterschaft. Der Unterbau, die zweite Liga, ist die Challenge League (ChL) mit 18 teilnehmenden Klubs. Sie ist als Ausbildungsliga gedacht, in der sich jüngere Spieler für die großen Klubs empfehlen können.

Im Jahr 1925 wurde offiziell zum ersten Mal um den Schweizer Cup gespielt.

Schweizer Spitzenfußball

Die Schweizer Fußballstars sorgen zwar in ganz Europa mit guten Leistungen für Aufsehen, im eigenen Land aber geht es dem Spitzenfußball auf Klubebene – ähnlich wie das in Österreich (→ Seite 78/79) der Fall ist – nicht besonders gut. Viele Traditionsvereine wie Luzern, Lausanne, Lugano oder Sion sind bereits aus wirtschaftlichen Gründen von der Bildfläche

2004 holte sich der FC Basel den Meistertitel zum zehnten Mal. Und im Jahr darauf gleich noch einmal.

verschwunden. Im Jahr 2005 musste beispielsweise der Servette FC Genf, der in der Vergangenheit immerhin schon 17 Meistertitel erringen konnte, sogar zwangsabsteigen.

Obenauf

Erfolgreichster Schweizer Verein ist derzeit der FC Basel. Zwischen 2002 und 2005 wurde der Club dreimal Schweizer Meister und gewann einmal den nationalen Pokalwettbewerb. International sorgte Basel in der Saison 2002/2003 für Aufsehen: Die Mannschaft qualifizierte sich für die Champions League, beendete die Vorrunde vor Liverpool und schied in der Zwischenrunde nur aufgrund des schlechteren Torverhältnisses aus. Unter anderem besiegte Basel dabei Juventus Turin mit 2:1.

Die Stars

Hakan Yakin und Altstar Stephàne Chapuisat gehören zu den stärksten Spielern des Landes. Doch auch der Kapitän des Schweizer Meisters FC Basel, Murat Yakin, Ciriaco Sforza, Christian Frei (Rennes), Stephàne Henchoz (FC Liverpool), Philippe Senderos (Arsenal London), Raphaël Wicky (Hamburger SV) oder Ricardo Cabanas (Grashoppers) sorgen dafür, dass das Nationalteam mit den großen Fußballnationen mithalten kann. So konnten sich die Schweizer auch für die Weltmeisterschaft in Deutschland qualifizieren.

Schon gewusst?

Vaduz verdutzt: Auch ein ausländischer Verein spielt in der Schweizer Meisterschaft mit: Der FC Vaduz aus dem Nachbar- und Zwergstaat Liechtenstein hat sich dem Verband angeschlossen, weil er zu Hause nicht genügend Gegner hat!

Der Grashoppers-Club Zürich ist die erfolgreichste Mannschaft der Schweiz. Der Verein schaut auf 27 Meistertitel zurück.

Die besten Vereinsmannschaften

Immer wieder gelingt es einem Verein, eine Mannschaft zusammenzustellen, die über viele Jahre hinweg erfolgreich spielt. Hier einige Beispiele von solchen Spitzenmannschaften.

Wegen ihrer „außerirdisch" guten Spielweise nennen Real-Madrid-Fans ihre Idole „die Galaktischen". Den Beinamen „Real", die „Königlichen", trägt der Verein seit 1920.

Real Madrid

Der Real Madrid Club de Fútbol galt in den 1950er-Jahren als unschlagbar. Nach Einführung des Europapokals gewann der Verein den Titel der Landesmeister fünfmal hintereinander. Angeführt wurde die Mannschaft vom Sturmduo Alfredo di Stefano (Spanien/Argentinien) und Ferenc Puskás (Ungarn).

Im Jahr 1998 begann die zweite große Ära von Real Madrid. Die Mannschaft siegte in der Champions League und wiederholte diesen Erfolg in den Jahren 2000 und 2002. Der Kader der Madrilenen liest sich heute wie eine Weltauswahl: Zinedine Zidane, Ronaldo, David Beckham, Robinho, Raúl, Roberto Carlos.

Die „ManU"-Mannschaft trägt den Spitznamen „Red Devils" (Rote Teufel). Das Team trägt seine Heimspiele im berühmten Stadion Old Trafford aus.

Manchester United

Manchester United (ManU) holte in den 1990ern dreimal das Double, gewann also im selben Jahr die Meisterschaft und den englischen Pokal. 1999 gelang der Mannschaft sogar das Treble: Meisterschaft, Pokal und Gewinn der Champions League. Legendäre Spielerpersönlichkeiten: David Beckham, Fabien Barthez, Eric Cantona, George Best und Bobby Charlton.

Chelsea London

Was passiert, wenn ein russischer Ölmilliardär nicht weiß, was er mit seinem vielen Geld anfangen soll? Er kauft sich einen hoch verschuldeten Fußballklub und führt

Ob Johan Cruyff, Bernd Schuster, Ronaldo oder Diego Maradona – sie alle trugen schon das rot-blaue Barca-Trikot.

ihn an die europäische Spitze. Der Milliardär heißt Roman Abramowitsch, der Klub ist Chelsea London. Die Spieler, die 2005 sofort englischer Meister wurden, gehören zu den besten der Welt: Ricardo Cavalho, Claude Makelele, Frank Lampard, Eidur Gudjohnsen, Didier Drogba.

Chelsea London stand kurz vor dem Ruin, als der russische Milliardär Abramowitsch den Verein rettete.

FC Barcelona

Der FC Barcelona ist nicht nur ein spanischer, sondern gleichzeitig ein katalonischer Verein. Katalonien ist eine autonome Region innerhalb der spanischen Landesgrenzen, die stolz auf ihre eigene Kultur und Sprache ist. Deshalb ist „Barca", wie die Fans ihren Klub nennen, für die Katalanen mehr als nur ein Verein: Jeder Sieg auf dem Fußballplatz ist gleichzeitig ein Triumph über die spanische Regierungsmacht in Madrid – und damit über den Erzrivalen Real. Die 17. Meisterschaft im Jahr 2005 war der erste Titelgewinn nach sechs erfolglosen Jahren.

Die Erfolgself des AC Mailand hat schon viele nationale und internationale Titel geholt.

AC Mailand

Der italienische Fußballklub AC Mailand gehört mit 17 nationalen Meistertiteln, fünf Pokalsiegen und dem sechsmaligen Gewinn der Champions League zu den erfolgreichsten Vereinsmannschaften Europas.

Mit seinen holländischen Stars Ruud Gullit, Marco van Basten und Frank Rijkaard gewann der AC Mailand im Jahr 1989 die italienische Meisterschaft, den Europapokal der Landesmeister, den Supercup und den Weltcup.

Die besten Vereinsmannschaften

Die Mannschaft von Borussia Mönchengladbach in der Saison 1969/1970, an deren Ende die Mannschaft zum ersten Mal den Meistertitel holte.

Borussia Mönchengladbach

Noch heute schwärmen Mönchengladbach-Fans von den erfolgreichen 1970er-Jahren: fünf Meistertitel in acht Jahren! Der ganz große internationale Erfolg blieb jedoch aus. Im Landesmeister-Wettbewerb verlor die Jahrhundertelf der Mönchengladbacher gegen die europäischen Top-Klubs. Absoluter Star der goldenen Ära war der zweimalige Fußballer des Jahres: Günter Netzer.

FC Bayern München

Bei einem so erfolgreichen Verein wie dem FC Bayern, der konstant gute Leistungen bringt, ist es schwer, eine bestimmte Zeitspanne herauszuheben. Trotzdem bleibt die Elf um Kapitän Franz Beckenbauer, Torhüter Sepp Maier und Stürmerlegende Gerd Müller unvergessen. In den 1970er-Jahren dominierten sie mit dem Team aus Mönchengladbach die Bundesliga – und gleichzeitig in Europa: 1974, 1975 und 1976 hieß der Europapokalsieger der Landesmeister jedes Mal FC Bayern München.

Eine der erfolgreichsten Mannschaften der Niederlande und auch international in der Vergangenheit erfolgreich: Ajax Amsterdam.

Ajax Amsterdam

Ajax Amsterdam (richtig: „Amsterdamse Football Club Ajax“) gehört zusammen mit Feyenoord Rotterdam und dem PSV Eind-

Ob in den 1970er-Jahren oder heute: Bei den Bayern sind alle Mannschaftsteile hervorragend besetzt. Auf allen wichtigen Positionen spielen Nationalspieler.

hoven zu den erfolgreichsten Vereinen der Niederlande. In der berühmten Ajax-Fußballschule werden den Jugendspielern schon die gleichen Ideen vermittelt wie den Profis. Sie werden in den „Schulfächern" Technik, Spielverständnis, Persönlichkeit und Schnelligkeit beurteilt. Erhält ein Spieler schlechte Noten, muss er den Verein verlassen.

Urawa Red Diamonds

Die Urawa Red Diamonds gehören zu den beliebtesten Fußballvereinen der 1. Japanischen Profiliga. Auch viele deutsche Spieler und Trainer waren bereits bei den Urawa Reds in Japan unter Vertrag: Dazu gehören zum Beispiel die Spieler Guido Buchwald, Uwe Bein und Michael Rummenigge sowie die Trainer Horst Köppel und Holger Osieck.

Der Sao Paulo Futebol Club (SPFC) bietet in seinem 1960 eröffneten Stadion Morumbi Platz für 80 000 fußballbegeisterte Zuschauer!

FC Sao Paulo

Der 1930 gegründete Brasilianische Fußballverein Sao Paulo Futebol Club (SPFC) feierte bisher drei Landesmeisterschaften und gewann 1992 und 1993 zweimal den Weltcup in Folge. Der Verein brachte zahlreiche Nationalspieler hervor, die aber alle nach einiger Zeit ins Ausland wechselten. Auch Marcio Amoroso, der später das Trikot von Borussia Dortmund trug, spielte einst in Sao Paulo.

Die Urawa Red Diamonds, die aus einer Werkself des Industriekonzerns Mitsubishi hervorgegangen sind, spielen regelmäßig vor Rekordkulissen.

Internationale Wettbewerbe

Bei den internationalen Vereinswettbewerben geht es nicht nur um viel Ruhm und Ehre, sondern auch um viel Geld. Das ist einer der Gründe, warum der traditionelle Europapokal der Landesmeister ab 1992 in eine Superliga, die Champions League, umgewandelt wurde. Die Gruppenspiele garantieren den teilnehmenden Vereinen Einnahmen von vielen Millionen Euro.

UEFA Champions League

In der UEFA Champions League treffen die erfolgreichsten Vereinsmannschaften Europas aufeinander. Zunächst in Gruppenspielen, dann im k.-o.-System wird jedes Jahr in dieser „Königsklasse“ die beste Mannschaft Europas ermittelt. Es ist die höchste Auszeichnung, die ein europäischer Klub erlangen kann. Real Madrid gelang das schon neunmal.

Die UEFA-Pokal-Trophäe

UEFA Pokal

Der UEFA-Pokal ist der zweite Europapokalwettbewerb des europäischen Fußballverbands UEFA. Zur Teilnahme an der Champions League und am UEFA-Pokal ist ein erfolgreiches Abschneiden in der nationalen Meisterschaft erforderlich. Während sich die besten Mannschaften der nationalen Fußballverbände für die Champions League qualifizieren, starten die ihnen folgenden Mannschaften und die nationalen Pokalsieger im UEFA-Pokal. Wie viele Mannschaften jeweils zugelassen sind, hängt von der Spielstärke der nationalen Liga ab.

Der Champions-League-Pokal

Südamerika-Meister

Vergleichbar mit der UEFA Champions League ist die südamerikanische „Copa Libertadores“. Bei diesem Wettbewerb spielen alle nationalen Meister gegeneinander. Südamerikanischer Rekordmeister ist Independiente Buenos Aires mit sieben Titeln. Der Gewinner der Copa Libertadores spielt gegen den Champions-League-Sieger um den Weltcup.

Jeder fängt mal klein an: Jugendfußball

Von den Bambini in die A-Jugend

Auch bei der Jugend ist der Ball schon hart umkämpft.

Wenn ihr einem Fußballverein beitretet, entscheidet euer Alter darüber, in welcher Jugendklasse ihr zum Einsatz kommt. Indem ähnliche Geburtsjahrgänge gegeneinander antreten, kommt es zu keinen allzu großen Unterschieden bei Körpergröße und Körperkraft. In den Regeln ist außerdem festgelegt, dass Jüngere zwar bei den Älteren mitspielen dürfen, aber nicht umgekehrt.

Mädchen bei Jungen

Genauso ist es bis zur C-Jugend erlaubt, dass Mädchen in Jungenmannschaften mitspielen dürfen. Die Eltern der Mädchen müssen allerdings ihr Einverständnis geben. Jungen dürfen dagegen nur in absoluten Ausnahmefällen bei Mädchenspielen eingesetzt werden. Eine A-Jugend gibt es übrigens nur bei den Jungen.

Klein- und Großfeld

Während in der A-, B- und C-Jugend bereits auf dem richtigen großen Spielfeld der Erwachsenen gespielt wird, können Spielerinnen und Spieler der D-Jugend entweder als 11er-Mannschaften auf dem Großfeld oder als 9er- oder 7er-Mannschaften auf verkleinerten Spielfeldern spielen. E-Jugendmannschaften können als 11er-, 9er- oder 7er-Mannschaften auf verkleinerten Spielfeldern spielen, F- und G-Jugendmannschaften dürfen maximal als 7er-Mannschaften auf verkleinerten Spielfeldern spielen.

In der F-Jugend gibt es zwar noch keine richtige Spielsaison, dafür umso mehr Hallen- und Freiluftturniere.

Bei Kindern im Vorschulalter (Bambini, bis sechs Jahre) gibt es noch nicht so viele Regeln. Die Spieler sollen sich erst einmal auf den sicheren Umgang mit dem Ball konzentrieren – und vor allem Spaß haben!

Junge Nachwuchsfußballer, die genügend Ballgefühl und Technik erlernt haben, können sich mit der Spieltaktik befassen.

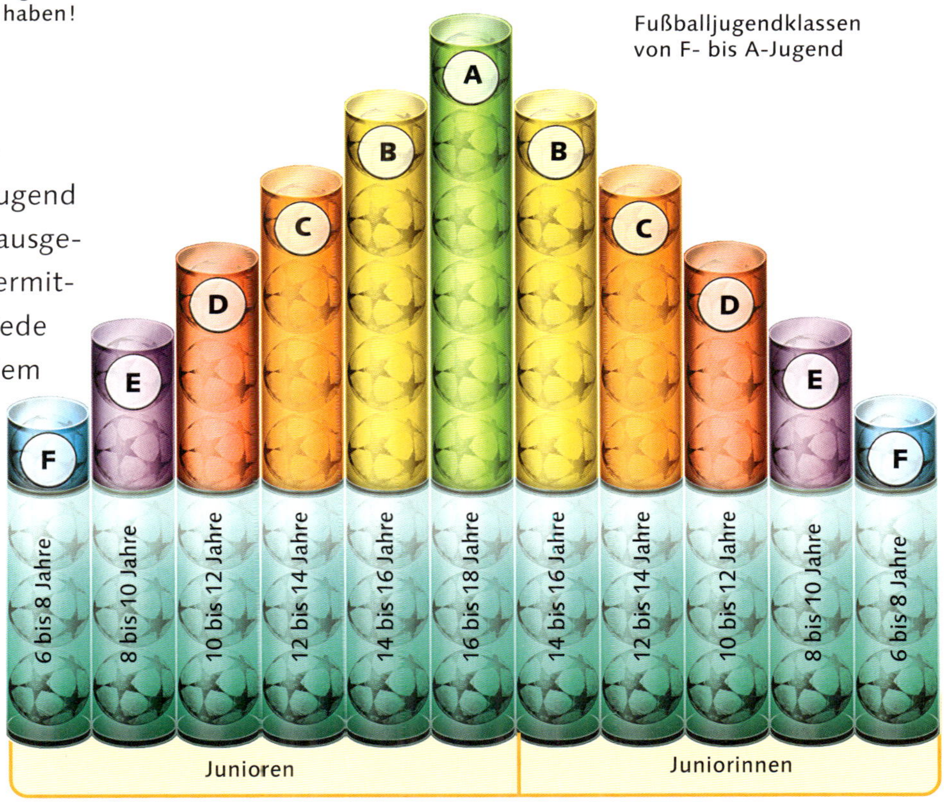

Fußballjugendklassen von F- bis A-Jugend

Die Regeln der Jüngsten

In den Altersklassen der F- und G-Jugend dürfen noch keine Meisterschaften ausgetragen und noch keine Pokalsieger ermittelt werden. Als Ersatz gibt es hier jede Menge Spiele und Turniere. Außerdem gibt es noch keine Abseits- oder Rückpassregel (der Torwart darf den Ball also auch nach einem Rückpass vom eigenen Mitspieler in die Hand nehmen).

Spieldauer

In den Altersklassen dauern die Spiele unterschiedlich lang.

- → A-Jugend: 2 x 45 Minuten
- → B-Jugend: 2 x 40 Minuten
- → C-Jugend: 2 x 35 Minuten
- → D-Jugend: 2 x 30 Minuten
- → E-Jugend: 2 x 25 Minuten
- → F-Jugend: 2 x 20 Minuten
- → Bambini/G-Jugend: 2 x 10 bis 20 Minuten

Mädchenmannschaften

In fast jedem Fußballverein in Deutschland, der eine gut ausgebaute Jugendabteilung besitzt, gibt es heute auch Mädchenmannschaften. Gibt es auch in deinem Ort Mädchenteams?

Dank der zunehmenden Zahl von Spielerinnen melden immer mehr Vereine eine Mädchenmannschaft an.

Selbst ist die Frau

Selbst wenn das nicht der Fall sein sollte, können Mädchen aktiv werden: Denn bis zur C-Jugend dürfen sie in Jungenmannschaften spielen. Bis zu diesem Alter ist bei fleißigem Üben kein Leistungsunterschied bemerkbar. Mädchen können aber auch sämtliche Freundinnen zusammentrommeln und auf eigene Faust eine Mannschaft gründen. Jeder Verein, der bisher noch keine Mädchenmannschaft hat, nimmt sie in diesem Fall sicher gerne auf.

Früh übt sich, was eine Birgit Prinz werden will!

Weltweit beliebt

Der Frauen- und Mädchenfußball boomt und ist heute mit weltweit über 20 Millionen aktiven Fußballerinnen der beliebteste Frauen-Teamsport. Allein beim Deutschen Fußball-Bund kicken derzeit rund 850 000 Mädchen und Frauen. Das Niveau ist hoch: Taktik,

Die Talentförderung in Deutschland schließt die Mädchen längst mit ein.

Athletik, Technik und Spielkultur des deutschen Frauenfußballs setzen auch international hohe Maßstäbe. Die deutsche Frauen-Fußballnationalelf wurde nicht nur sechsmal Europameister, sondern im Jahr 2003 auch Weltmeister (→ Seite 106–112).

Große Vorbilder

Auch schon vor dem WM-Sieg konnten die Mädchenteams nicht über mangelnde Teilnahme am Training klagen. Nach dem großen Erfolg nahm die Anzahl aktiver Vereinsmitglieder aber noch einmal enorm zu. Selbst Mädchen, die sich vorher nicht sonderlich für diesen Sport interessierten, haben ihr Fußballtalent in der Zwischenzeit entdeckt.

Schon gewusst?

Fußballerinnen galten jahrzehntelang als „Mannweiber". Mädchen und Frauen wurde nicht zugetraut, in diesem kampfbetonten Spiel bestehen zu können. Manchmal wurden sie sogar mit Steinen beworfen. Bis 1970 verbot selbst der Deutsche Fußball-Bund Frauen und Mädchen das Fußballspielen in Vereinen.

Für genügend Nachwuchs an Fußballerinnen ist also gesorgt. Vielleicht sind ja die neuen Bundesliga-Torschützenköniginnen oder Nationalspielerinnen darunter!

Jugendnationalteams

Das U16-Nationalteam wird zusammengestellt aus dem Nachwuchs großer Bundesligaklubs, aber auch aus der Jugendabteilung kleinerer Vereine.

Einmal das Nationaltrikot überstreifen! Davon träumt wohl jeder Fußballspieler, egal in welchem Alter. Die Gelegenheit zu internationalen Auftritten erhalten auch schon Schüler. In den Jugendnationalmannschaften des Deutschen Fußball-Bundes kicken die jeweils besten Spieler ihres Jahrgangs.

Karriere-Sprungbrett

Für viele junge Spieler sind die Auftritte in der Jugendnationalmannschaft das Sprungbrett zu einer Profikarriere. Doch leider kommt es auch vor, dass sich ein junger Spieler, der mit 14 oder 15 Jahren zu den Besten gehört, nicht weiterentwickelt. Aus diesem Grund ist es umso wichtiger, ständig an sich zu arbeiten, hart zu trainieren und niemals aufzugeben.

Die sechs „U"

Sechs Jugendnationalteams gibt es in Deutschland. Bei den Jungen tragen die Spieler der U15, U16, U17 und U18 den Bundesadler auf der Trikotbrust. Die besten Mädchen dürfen in der U15 und U17 ihr Können zeigen. U steht hier übrigens für „Unter", die Zahl für das ungefähre Alter der Spielerinnen und Spieler. Manche der aktuellen Nationalspieler haben in all diesen Nachwuchsteams gespielt.

Spiele und mehr

Auch die Jugendnationalmannschaften treten bei internationalen Turnieren an. In den Länderspielen können die Jugendlichen zeigen, was sie können, und sich für den Profifußball empfehlen.
In erster Linie dienen die DFB-Jugendteams aber der Talentförderung. In vielen Lehrgängen erhalten die Spieler die Möglichkeit, Technik und Taktik unter professionellsten Voraussetzungen zu verbessern.

Ob Jugendnationalmannschaft oder Nationalmannschaft:
Die Freude und der Jubel über einen Sieg sind überall gleich!

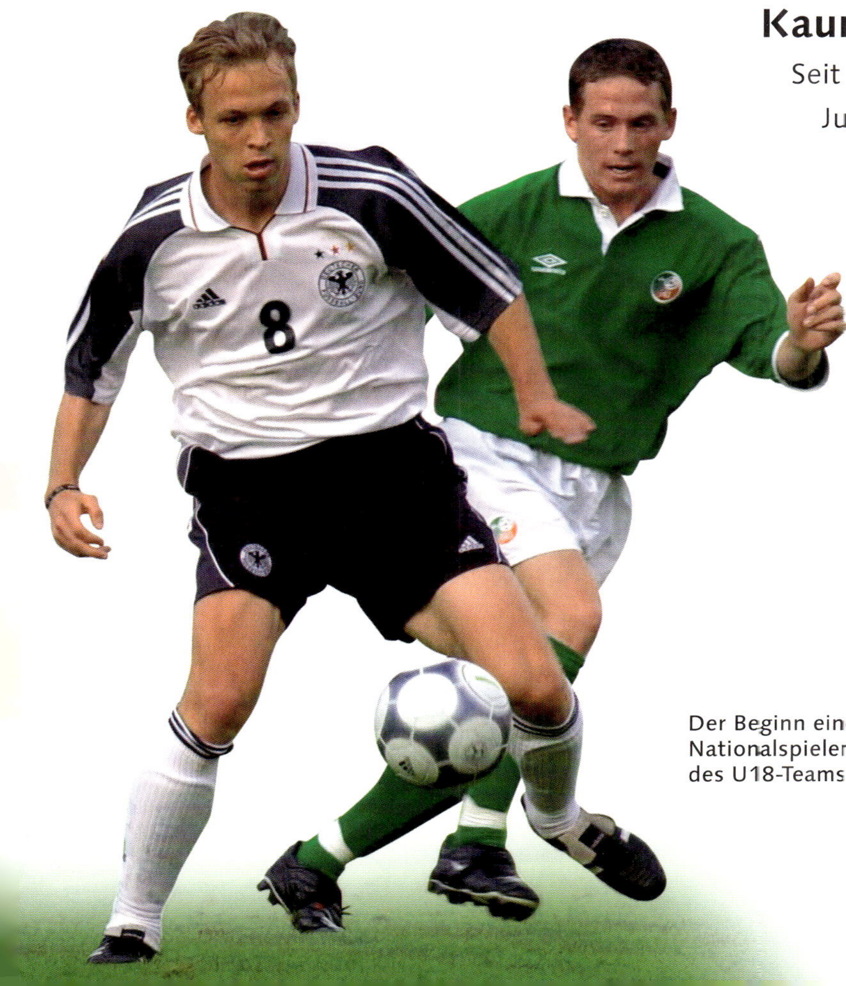

Kaum Titel

Seit vielen Jahren warten die Jugendabteilungen des DFB auf einen Titelgewinn. Ein dritter Platz der U18-Nationalmannschaft bei der U18-Europameisterschaft im Jahr 2000 in Deutschland war das letzte nennenswerte Ergebnis des Nachwuchses. Übrigens: Die erfolgreichsten Jugend-Nationalmannschaften kommen aus Argentinien und Brasilien.

Der Beginn einer internationalen Karriere:
Nationalspieler Andreas Hinkel im Trikot
des U18-Teams.

Nachwuchsförderung

Professioneller geht es kaum: Schon früh beginnt der Kampf um einen Platz im Profikader.

Neben den Leistungszentren der Vereine (hier St. Pauli) gibt es hunderte von DFB-Stützpunkten zur Talentförderung.

Nachwuchs- und Talentförderung gibt es natürlich auch bei den Mädchen, zum Beispiel in Mädchenfußballschulen.

Jedes Land will Weltmeister werden, und das am liebsten alle vier Jahre. Um diesem Ziel möglichst nahe zu kommen, ist eine ständige Nachwuchsförderung wichtig. Doch der Weg, den die Kinder und Jugendlichen auf der ganzen Welt gehen, um Fußballprofi zu werden, ist unterschiedlich.

DFB-Nachwuchskonzept

Zur Saison 2002/2003 rief der DFB ein neues Talentförderprogramm ins Leben. In 390 DFB-Stützpunkten in ganz Deutschland sollen die Hoffnungsträger für die nächsten Weltmeisterschaften ausgebildet werden. Die größten deutschen Talente der Vereine treffen sich seitdem einmal in der Woche in so genannten Talentzentren. Hier werden die Spieler und Spielerinnen im Alter von 10 bis 17 Jahren im Einzeltraining technisch und taktisch geschult.

Immer mehr fußballbegeisterte Jungspieler nutzen die Gelegenheit, um ihr Spiel in Sommercamps und Ferienschulen zu verbessern.

Die Italiener bekommen die Liebe zum Fußball bereits in die Wiege gelegt. Und da es wie hier in Neapel fast niemals schneit, ist das ganze Jahr über Fußballzeit.

Wenn Ex-Stars helfen

Die Talentförderung in den armen Ländern der Welt sieht dagegen ganz anders aus. Hier haben Staat und Sportverbände meistens nicht genügend Geld, um spezielle Fußballschulen oder gezielte Talentförderprogramme einzurichten. Häufig engagieren sich deshalb kirchliche oder soziale Einrichtungen, die aus Spenden finanziert werden, für den Fußballsport. Sie kaufen den Kindern Bälle, Tornetze oder Trikots. Auch Fußballprofis unterstützen solche Initiativen sehr oft mit ihrem Geld, zum Beispiel in ihrem Heimatort.

Auch in den Armenvierteln Afrikas und Südamerikas sind Talentsucher unterwegs. Das wissen die Kinder und verbinden ihr Spiel mit der Hoffnung auf eine bessere Zukunft.

Die Stars von morgen

Immer früher versuchen die großen Vereine, die besten Talente an ihren Verein zu binden. Auf diese Weise bilden sie die jungen Spieler in ihren Jugendabteilungen selbst zu Stars aus. So müssen sie später keine hohen Ablösesummen für ebenso spielstarke Fußballer bezahlen.

Auf dem Weg zum Profi

Wer über viele Jahre hinweg Top-Leistungen bringt, hat sehr gute Chancen, später einen Profivertrag zu bekommen. Vor allem in der A-Jugend ist der Leistungsdruck jedoch enorm hoch. Denn jetzt entscheiden die Vereinsbosse und Trainer, wer später in der Bundesliga und wer nur in der Amateurliga spielt.

Hohes Ansehen

Mit vielen Mitteln locken die Klubs die jungen Spieler in ihr Team: Neben finanziellen Aufwandsentschädigungen (zum Beispiel werden Fahrt- und andere Kosten übernommen) ist das Kicken bei einem Profiklub schon in der Jugend mit hohem Ansehen verbunden. Während kleinere Klubs häufig nicht genügend Geld haben, um ihren Spielern zu Weihnachten einen Trainingsanzug zu finanzieren, gibt es bei den großen Vereinen alles gratis, sogar die Fußballschuhe.

Wie ein echter Profi: Im Trikot eines Bundesligisten kann man sich natürlich rundum wohl fühlen!

Wie die Profis

Häufig werden die jungen Talente schon behandelt wie die Stars der ersten Mannschaft. Schließlich sollen sie sich im Verein wohl fühlen und nicht zu einem anderen Klub wechseln.

Von Kaisern und Königen: Große Fußballstars

Die größten Fußballer aller Zeiten

Oliver Kahn

Die Stärke des Torwart-Titans, wie ihn die Presse nennt, beruht auf einer großen Portion Ehrgeiz und regelmäßigen Sonderschichten nach dem regulären Training.

Geboren: 15. Juni 1969
Größe: 188 cm
Verein: FC Bayern München
Auszeichnungen: Welttorhüter des Jahres 1999, 2000, 2001; Deutschlands Torhüter des Jahres 1994, 1997, 1999, 2000, 2001, 2002; Europas bester Torhüter 1999, 2000, 2001, 2002

Ronaldo

Der brasilianische Ausnahmestürmer wurde in einem Armenviertel in der Nähe von Rio de Janeiro geboren. Schon mit 17 Jahren trug er zum ersten Mal das Nationaltrikot. In allen Ligen, in denen er spielte, wurde Ronaldo sofort Torschützenkönig. Heute ist er einer der Stars im Team der „Galaktischen" von Real Madrid.

Geboren: 22. September 1976
Größe: 179 cm
Verein: Real Madrid
Auszeichnungen: Weltfußballer des Jahres 1996, 1997, 2002; Europas Fußballer des Jahres 1997, 2002

Michael Ballack

Der „Regisseur" der deutschen Nationalmannschaft ist einer der besten Fußballer Deutschlands und gleichzeitig einer der torgefährlichsten Mittelfeldspieler der Welt. Nach seinen Stationen in Chemnitz, Kaiserslautern und Leverkusen wechselte Michael Ballack 2002 zu Bayern München. Sein Debüt in der Nationalmannschaft gab er am 28. April 1999.

Geboren: 26. September 1976
Größe: 189 cm
Verein: FC Bayern München
Auszeichnungen: Deutschlands Fußballer des Jahres 2002, 2003, 2005

Zinedine Zidane

Der Franzose Zinedine Yazid Zidane (Spitzname: „Zizou") ist einer der besten Mittelfeldspieler der Welt. Mit 14 Jahren wurde er von einem Talentsucher am Stadtrand von Marseille entdeckt und ging anschließend ins Fußballinternat des französischen Erstligisten AS Cannes, wo er auch seine Profikarriere begann. 1998 wurde Zidane mit Frankreich Fußballweltmeister.

Geboren: 23. Juni 1972
Größe: 185 cm
Verein: Real Madrid
Auszeichnungen: Weltfußballer des Jahres 1998, 2000, 2003; Europas Fußballer des Jahres 1998; Weltsportler des Jahres 1999

Ronaldinho

Der exzellente brasilianische Techniker wurde bei der Weltmeisterschaft 2002 zum Superstar. Im Jahr 2005 gewann der Publikumsliebling mit seinem Klub FC Barcelona die spanische Meisterschaft.

Geboren: 21. März 1980
Größe: 181 cm
Verein: FC Barcelona
Auszeichnungen: Weltfußballer des Jahres 2004

David Beckham

Der Kapitän der englischen Nationalmannschaft spielt im rechten offensiven Mittelfeld und ist für seine sehr gute Pass- und Schusstechnik bekannt. Vor allem Flanken und direkte Freistöße sind deshalb seine Spezialität. Schon mit 14 Jahren unterschrieb Beckham bei Manchester United einen 4-Jahres-Vertrag. Seit 2003 spielt er für Real Madrid.

Geboren: 2. Mai 1975
Größe: 180 cm
Verein: Real Madrid

Die größten Fußballer aller Zeiten

Deco

Der in Brasilien geborene portugiesische Offensivspieler gilt als dribbelstark und war mit seinen Leistungen wesentlich an den Erfolgen seines Vereins FC Porto (Gewinn der Champions League) beteiligt. 2004 wechselte Deco zum FC Barcelona und wurde mit seinem neuen Klub sofort spanischer Meister.

Geboren: 27. August 1977
Größe: 174 cm
Verein: FC Barcelona

Luis Figo

Luis Figo ist portugiesischer Rekordnationalspieler und einer der besten Offensivspieler der Welt. Figo spielte schon mit 17 Jahren für Sporting Lissabon und wechselte 1995 zum FC Barcelona. Hier und später bei Real Madrid feierte er seine bislang größten Erfolge und wurde zu einem der besten Fußballer seiner Zeit.

Geboren: 4. November 1972
Größe: 180 cm
Verein: Inter Mailand
Auszeichnungen: Weltfußballer des Jahres 2001; Europas Fußballer des Jahres 2000

Francesco Totti

Der italienische Nationalspieler und Kapitän von AS Rom feierte schon als 16-Jähriger sein Debüt in der Profiliga. Normalerweise spielt er im offensiven Mittelfeld hinter den Spitzen, kann aber auch als Stürmer eingesetzt werden. Neben dem Fußballsport ist Totti ehrenamtlicher Botschafter des Weltkinderhilfswerks UNICEF.

Geboren: 27. September 1976
Größe: 180 cm
Verein: AS Rom

Thomas Rosicky

Der Tscheche Thomas Rosicky wird von seinen Fans „Fußball-Mozart“ genannt und ist einer der besten Mittelfeldspieler Europas. Seine Stärken: Er ist schnell, ballsicher und ein sehr guter Freistoßschütze.

Geboren: 4. Oktober 1980
Größe: 175 cm
Verein: Borussia Dortmund

Thierry Henry

Als einer der torgefährlichsten Stürmer der Welt erzielte der Franzose Henry in fünf Spielzeiten (2000 bis 2004) 106 Tore für seinen englischen Arbeitgeber Arsenal London. Gleichzeitig ist er neben Zinedine Zidane der Star der französischen Nationalelf.

Geboren: 17. August 1977
Größe: 188 cm
Verein: Arsenal London
Auszeichnungen: Welttorjäger des Jahres 2003

Andrej Schewtschenko

Der aus der Ukraine stammende Stürmerstar des AC Mailand lernte das Fußballspielen bei seinem Heimatverein Dynamo Kiew. Der „Ronaldo des Ostens“ holte sich bereits in seiner ersten Saison in Italien die Torjägerkanone und wurde mit seinem Klub mehrmals italienischer Meister. 2003 gewann Schewtschenko mit Mailand die Champions League.

Geboren: 29. September 1976
Größe: 183 cm
Verein: AC Mailand
Auszeichnungen: Europas Fußballer des Jahres 2004

Die größten Fußballer aller Zeiten

Wayne Rooney

Als Wayne Rooney im Februar 2003 sein erstes Länderspiel machte, war er mit 17 Jahren und 111 Tagen der jüngste Spieler in der englischen Fußballgeschichte, der jemals das Nationaltrikot trug. Der Sohn eines Liverpooler Boxers erzielte sein erstes Erstligator sogar noch früher: fünf Tage vor seinem 17. Geburtstag. Rooney bildet zusammen mit Michael Owen das Sturmduo des englischen Nationalteams.

Geboren: 24. Oktober 1985
Größe: 177 cm
Verein: Manchester United

Roberto Carlos

Roberto Carlos ist der beste Linksverteidiger der Welt und bekannt für seine hart geschossenen Freistöße, die Rekordgeschwindigkeiten erreichen. Der brasilianische Weltmeister von 2002 gewann mit seinem Klub Real Madrid dreimal die Champions League, zweimal den Weltpokal und drei spanische Meistertitel.

Geboren: 10. April 1973
Größe: 168 cm
Verein: Real Madrid

Pavel Nedved

Der Mittelfeldspieler mit der tollen Ballbehandlung wurde im Jahr 2003 als erster Tscheche seit 41 Jahren Europas Fußballer des Jahres. Seit 2001 spielt er für Juventus Turin und wurde mit seinem derzeitigen Verein dreimal italienischer Meister.

Geboren: 30. August 1972
Größe: 177 cm
Verein: Juventus Turin
Auszeichnungen: Europas Fußballer des Jahres 2003

Sie waren die Größten ihrer Zeit, auch wenn sie längst nicht mehr auf dem Platz stehen und die Menge begeistern. Heute sind sie Fußballlegenden.

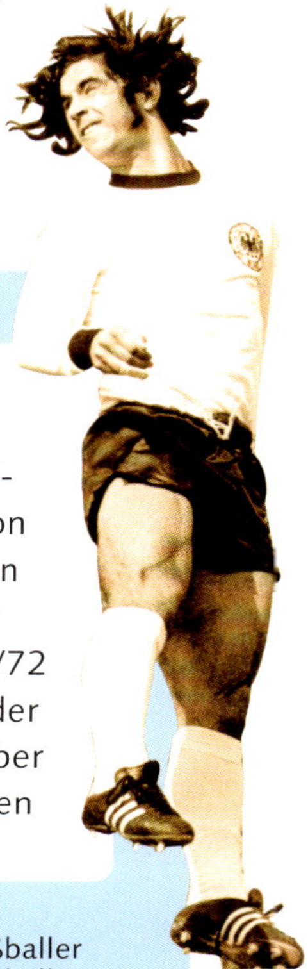

Gerd Müller

Er ist mit 68 Toren in 62 Länderspielen der erfolgreichste Stürmer der deutschen Fußballgeschichte. Der Weltmeister von 1974 erzielte in fünf Spielzeiten der Fußballbundesliga 30 oder mehr Tore, in der Saison 1971/72 sogar 40. Seine zehn Tore bei der WM 1970 machten den „Bomber der Nation" zu einem der besten WM-Torschützen aller Zeiten.

Geboren: 3. November 1945
Auszeichnungen: Deutschlands Fußballer des Jahres 1967, 1969; Europas Fußballer des Jahres 1970

Pelé

Für viele gilt der Brasilianer Pelé als bester Fußballer aller Zeiten. Als einziger Spieler wurde er dreimal Weltmeister. Bei seinem ersten Titelgewinn 1958 war er erst 17 Jahre alt. Pelé spielte die meiste Zeit beim brasilianischen Klub FC Santos. Hier schoss er in 1114 Spielen 1088 Tore.

Geboren: 23. Oktober 1940
Auszeichnungen: Fußballer und Sportler des Jahrhunderts

Franz Beckenbauer

Der „Kaiser" stieg mit dem FC Bayern 1965 von der Regionalliga in die Bundesliga auf und wurde mit den Münchnern jeweils viermal Meister und Europapokalsieger. Die Lieblingsposition des Weltmeisters von 1974 war der Liberoposten. Als Teamchef führte er die deutsche Nationalmannschaft 1990 zum dritten WM-Titel.

Geboren: 11. September 1945
Auszeichnungen: Deutschlands Fußballer des Jahres 1966, 1968, 1974, 1976; Europas Fußballer des Jahres 1972, 1976

Johan Cruyff

Der frühere Kapitän der holländischen Nationalmannschaft galt als begnadeter Mittelfeldregisseur. Er führte sein Team 1974 bis ins WM-Finale gegen Deutschland, das jedoch verloren ging.

Geboren: 25. April 1947
Auszeichnungen: Europas Fußballer des Jahres 1971, 1973, 1974

Die größten Fußballer aller Zeiten

Michel Platini

Er gilt neben Zinedine Zidane (→ Seite 99) als bester französischer Fußballer aller Zeiten. Der Mittelfeldspieler und Freistoßspezialist hatte seine erfolgreichste Zeit beim italienischen Klub Juventus Turin. Hier wurde er dreimal Torschützenkönig.

Geboren: 21. Juni 1955
Auszeichnungen: Europas Fußballer des Jahres 1983, 1984, 1985; Weltfußballer des Jahres 1984, 1985

Uwe Seeler

„Uns Uwe", wie Seeler liebevoll genannt wurde, galt immer als Symbol für Fairness und Zuverlässigkeit. So spielte er trotz besserer Angebote seine ganze Karriere beim HSV und bekam nur eine rote Karte. Der Kapitän der deutschen Vize-Weltmeistermannschaft von 1966 wurde 1964 Bundesliga-Torschützenkönig und dreimal zu Deutschlands Fußballer des Jahres gewählt.

Geboren: 5. November 1936
Auszeichnungen: Deutschlands Fußballer des Jahres 1960, 1964, 1970

Diego Armando Maradona

Schon mit seiner Jugendmannschaft blieb der argentinische Weltmeister 136 Spiele hintereinander ungeschlagen. Sein Tor im WM-Viertelfinale gegen England 1986 wurde von der FIFA zum Tor des Jahrhunderts gewählt.

Geboren: 30. Oktober 1960
Auszeichnungen: Weltfußballer des Jahres 1986

Alfredo di Stefano

Di Stefano erlebte seine größte Zeit als Fußballer bei Real Madrid und wurde hier auch zur Legende. Er gewann mit Real acht spanische Meisterschaften, fünfmal den Europapokal der Landesmeister, den Weltpokal und wurde fünfmal spanischer Torschützenkönig.

Geboren: 4. Juli 1926
Auszeichnungen: Europas Fußballer des Jahres 1957, 1959

Frauenfußball: Weltmeisterlich!

Die Frauen-Nationalmannschaft

Gegen die deutschen Fußballfrauen haben nur wenige Nationen eine Chance. Zu den stärksten Konkurrentinnen gehören die Teams aus Schweden, China, Norwegen, Brasilien und den USA.

In der Zentrale des Deutschen Fußballbundes in Frankfurt am Main können Besucher all die goldglänzenden Pokale bewundern, die die Nationalmannschaften bis zum heutigen Tag gewonnen haben. Wenn es die Frauen-Nationalmannschaft nicht gäbe, wären die Glasvitrinen noch nicht ganz so voll.

Die Titelsammlung

Das liegt daran, dass die Deutsche Frauen-Nationalmannschaft zu den erfolgreichsten Teams der Welt zählt. Insbesondere in Europa sind die deutschen Frauen das Maß aller Dinge: So konnten sie die letzten vier Europameisterschaften in Folge gewinnen und insgesamt sechs Titel erspielen (1989, 1991, 1995, 1997, 2001 und 2005). Hinzu kommen der Gewinn der Bronzemedaillen bei den Olympischen Spielen 2000 in Sydney und 2004 in Athen sowie der Vize-Weltmeistertitel 1995. Und das ist längst nicht alles.

Weltmeisterlich

Die deutschen Frauen sind die amtierenden Weltmeisterinnen. Im Jahr 2003 besiegten sie in den USA in einem rein europäischen Finale Schweden mit 2 : 1. Die beiden Tore für die deutschen Frauen schossen Maren Meinert und Nia Künzer. Nachdem das Team von Trainerin Tina Theune-Meyer zur Halbzeit noch zurückgelegen hatte, entschied erst das „Golden Goal" von Nia Künzer in der 98. Minute das Spiel.

Nia Künzer erzielte das Siegtor im WM-Finale 2003.

Schon gewusst?

Das „Golden Goal“ (englisch für „goldenes Tor“) war eine spezielle Fußballregel, mit der die Spannung in der Verlängerung eines Spiels gesteigert werden sollte. Schoss ein Spieler einer Mannschaft während der Verlängerung ein Tor, wurde das Spiel sofort beendet. Die Mannschaft, die das „Golden Goal“ erzielt hatte, war Sieger. Diese Regel war allerdings so unbeliebt, dass sie wieder abgeschafft wurde.

Schwere Titelverteidigung

Die nächste WM der Frauen findet im Jahr 2007 in China statt. Das Frauenteam Chinas gehört ebenfalls zu den besten der Welt. Ob es den Deutschen gelingt, ihren Titel zu verteidigen?

Die Fußballfrauen wurden 2003 in den USA zum ersten Mal Weltmeister. Das löste großen Jubel bei den Fans und bei den Mädchen einen Fußball-Boom aus.

Die Frauen-Nationalmannschaft

Die Nationalspielerinnen des aktuellen Kaders (Stand 2005) stammen fast alle aus kleinen Vereinen, deren Namen man aus dem Männersport nicht kennt. Der Hamburger SV, FC Bayern München oder SC Freiburg sind die einzigen Bundesligateams, die auch bei den Herren eine Profimannschaft haben.

Frauen-Fußballklubs

Die meisten Spielerinnen kommen sogar aus reinen Frauen-Fußballklubs (FFCs). Hier stehen Sie mit ihren Leistungen nicht im Schatten der Männer. Vielmehr kann sich die gesamte Vereinsführung auf den Erfolg der Frauen konzentrieren. Die besten Beispiele hierfür sind der 1. FFC Frankfurt und der 1. FFC Turbine Potsdam. Beide Vereine stellen zurzeit die meisten Nationalspielerinnen.

Ehrenspielführerin

Der Stellenwert der Frauen-Nationalmannschaft im DFB nimmt zu. Dies sieht man unter anderem daran, dass es neben den vier männlichen Ehrenspielführern (Fritz Walter, Uwe Seeler, Franz Beckenbauer und Lothar Matthäus) seit 2004 auch eine Ehrenspielführerin gibt: Bettina Wiegmann. Die Mittelfeldregisseurin trug in ihrer Karriere 154mal das DFB-Trikot und schoss 51 Tore.

Die zweimalige Weltfußballerin Birgit Prinz

Die Erfahrenen

Birgit Prinz, Steffi Jones und Pia Wunderlich vom 1. FFC Frankfurt gehören zu den bekanntesten Gesichtern des Frauen-Nationalteams. Die Stürmerin Birgit Prinz ist so etwas wie der Gerd Müller der Frauen. Bis Juli 2005 erzielte sie in 138 Länderspielen 86 Tore. Heidi Moor, die von 1991 bis 1995 Torschützenkönigin der Frauen-Bundesliga war, schoss 83 Tore.

Auch Steffi Jones vom 1. FFC Frankfurt gehört seit November 2005 zum 100er-Klub.

große Erfolg der Nationalmannschaft auf eine tolle Mischung aus erfahrenen und jungen Spielerinnen zurückzuführen.

Die Trainerinnen

Der Name Tina Theune-Meyer, die bis 2005 Cheftrainerin war, ist untrennbar mit den zahlreichen Erfolgen der Nationalmannschaft verbunden. Sie startete ihre Karriere beim DFB 1986 als Assistenz-Trainerin und wurde 1996 Cheftrainerin. Seit August 2005 ist die erfolgreichste deutsche Frauenfußballerin Silvia Neid Cheftrainerin des Frauenteams. Sieben deutsche Meisterschaften, sechs DFB-Pokalsiege, dreimal Europameisterin und Vizeweltmeisterin – so lautet die beeindruckende Bilanz von Silvia Neid als Spielerin.

Der 100er-Klub

Von den Spielerinnen, die den EM-Sieg 2005 holten, trugen auch die Torhüterin Silke Rottenberg (FCR 2001 Duisburg), die Verteidigerinnen Kerstin Stegemann (FFC Heike Rheine), Sandra Minnert (SC 07 Bad Neuenahr) und Ariane Hingst (1. FFC Turbine Potsdam) sowie die Mittelfeldspielerinnen Renate Lingor (1. FFC Frankfurt) und Sandra Smisek (FSV Frankfurt) das Frauen-Nationaltrikot schon über 100mal. Ingesamt ist der

Pia Wunderlich spielte 1993 zum ersten Mal für Deutschland.

Die Frauen-Bundesliga

Frankfurt ist eine Hochburg des Frauenfußballs. Neben dem Meister der Jahre 2003 und 2005, dem 1. FFC Frankfurt, spielen auch die Frauen des FSV Frankfurt in der höchsten deutschen Spielklasse.

Die Frauen-Bundesliga wurde in Deutschland 1991 eingeführt. Da die Frauen für ihre Leistungen aber viel schlechter bezahlt werden als die Männer, spielen hier bis auf wenige Ausnahmen Amateure, die neben dem Training einem „normalen" Beruf nachgehen.

Der 1. FFC Turbine Potsdam ist – betrachtet man den sportlichen Erfolg – die beste Fußballmannschaft der neuen Bundesländer. Besser als jeder Männerklub.

Trotz der riesigen Erfolge hat der Frauenfußball in Deutschland noch nicht den Stellenwert, den er verdient. Das ist in anderen Ländern anders.

Top-Liga

Zusammen mit der schwedischen Liga zählt die Frauen-Fußball-Bundesliga, die aus zwölf Vereinen besteht, zu den führenden Ligen in Europa. Der 1. FFC Frankfurt und der 1. FFC Turbine Potsdam konnten schon jeweils einmal den UEFA Women's Cup gewinnen. Ab der Saison 2004/2005 wurde auch eine zweite Frauen-Bundesliga ins Leben gerufen. Hier spielen die Mannschaften in einer Gruppe Nord und einer Gruppe Süd um den Aufstieg in die erste Liga. Die Zuschauerzahlen sind in allen Frauenligen aber noch sehr niedrig.

Top-Klubs

In den letzten drei Jahren haben sich die beiden erfolgreichsten deutschen Vereinsmannschaften im Frauenfußball mit dem Meistertitel abgewechselt: Der 1. FFC Turbine Potsdam holte sich den Meisterpokal im Jahr 2004. Im Jahr davor und danach hatte jeweils der 1. FFC Frankfurt die Nase in der Meisterschaft vorn.

DFB-Pokal

Im DFB-Pokal ist die Situation ähnlich: Beide Vereine bestritten das DFB-Pokal-Finale 2005 in Berlin. Hier setzte sich der Klub aus Potsdam zum zweiten Mal hintereinander durch. In allen fünf Jahren davor hieß der DFB-Pokal-Gewinner immer 1. FFC Frankfurt.

Bundesliga-Torschützenköniginnen

1991	Heidi Mohr	TuS Niederkirchen	36 Tore
1992	Heidi Mohr	TuS Niederkirchen	24 Tore
1993	Heidi Mohr	TuS Niederkirchen	21 Tore
1994	Heidi Mohr	TuS Niederkirchen	28 Tore
1995	Heidi Mohr	TuS Ahrbach	27 Tore
1996	Sandra Smisek	FSV Frankfurt	29 Tore
1997	Birgit Prinz	FSV Frankfurt	20 Tore
1998	Birgit Prinz	FSV Frankfurt	23 Tore
1999	Inka Grings	FCR Duisburg	25 Tore
2000	Inka Grings	FCR Duisburg	38 Tore
2001	Birgit Prinz	1. FFC Frankfurt	24 Tore
2002	Conny Pohlers	1. FFC Turbine Potsdam	27 Tore
2003	Inka Grings	FCR Duisburg	20 Tore
2004	Kerstin Garefrekes	FFC Heike Rheine	26 Tore
2005	Shelley Thompson	FCR Duisburg	30 Tore

Ein guter Teamgeist ist im Frauenfußball genauso wichtig wie bei den Männern. Hier stimmen sich die Spielerinnen des SC Freiburg auf ein Bundesliga-Match ein.

Fußball als Frauensache

Mia Hamm ist der Superstar im US-Nationalteam.

In Deutschland ist der Teamsport noch nicht so populär wie in anderen Ländern. In den USA beispielsweise ist der Frauen-Fußball viel populärer als der Männer-Fußball. Führende Männersportarten sind Basketball, Eishockey, Baseball oder American Football.

Hohes Niveau

Die US-amerikanischen Fußballfrauen gehören zu den besten Spielerinnen der Welt. Schon an den Schulen und Colleges ist der Fußball für Mädchen eine Selbstverständlichkeit. Das Ergebnis: sieben Millionen aktive Fußballerinnen und ein riesiges öffentliches Interesse!

Schon gewusst?

Die englische Übersetzung für Fußball ist eigentlich „Football". Weil in den USA aber der „American Football" viel bekannter ist, wird unser Fußball dort „Soccer" genannt.

Wettkämpfe

Besonders beliebt sind in den USA die Wettkämpfe und Meisterschaften zwischen den verschiedenen Schulen und Universitäten. Hier können die jungen Spielerinnen schon früh ihr Können unter Beweis stellen. Und da es dabei um die Ehre der jeweiligen Schule geht, werden die Spielerinnen schon früh gefördert und hervorragend trainiert. So gut, dass in Deutschland bereits überlegt wird, ein ähnliches Prinzip einzuführen.

Richtige Profis

Auch die amerikanische Profiliga der Frauen genießt ein hohes Ansehen. Hier gibt es für Fußballerinnen richtig viel Geld zu verdienen. Es gibt sogar deutsche und andere europäische Top-Spielerinnen, die aus diesem Grund zu einem amerikanischen Verein wechseln. Es macht eben viel mehr Spaß, vor 10 000 oder 20 000 Zuschauern zu spielen als vor ein paar hundert.

Über alle Grenzen: Nationalmannschaftswettbewerbe

Die Nationalmannschaft

Bundestrainer Jürgen Klinsmann, Assistenztrainer Joachim Löw und Team-Manager Oliver Bierhoff

Der Traum eines jeden Fußballers ist es, einmal im Trikot seiner Nationalmannschaft aufzulaufen. Denn hier kommen die besten Spieler eines Landes zusammen und es ist eine Ehre, zu diesem Kreis zu gehören.

Schon gewusst?

Die deutsche Nationalmannschaft ist nach Brasilien die erfolgreichste Fußball-Nationalmannschaft der Welt. Siebenmal erreichte sie ein WM-Endspiel. Dreimal wurde das Team Weltmeister, viermal Vizeweltmeister. Dazu kommen zwei dritte Plätze. Auch bei Europameisterschaften war die DFB-Auswahl mit drei Titeln sehr erfolgreich.

Der Nationaltrainer

Wer diese Spieler sind, das entscheidet der jeweils verantwortliche Nationaltrainer. Seine Aufgabe ist es auch, aus den Spielern, die ja aus vielen unterschiedlichen Vereinen im In- und Ausland kommen, eine schlagkräftige Mannschaft und eine Einheit zu formen.
Dabei steht der Nationaltrainer unter ständiger Beobachtung eines ganzen Landes. Jeder Fußballinteressierte möchte mitbestimmen, wer auf welcher Position spielt. Wenn der Erfolg bei internationalen Wettbewerben ausbleibt, wird der Trainer deshalb auch oft entlassen.
In Deutschland ist Jürgen Klinsmann als Bundestrainer für die Auswahl, die Aufstellung, die Taktik und den Erfolg des Nationalteams zuständig.

Spieler beobachten

Jürgen Klinsmann, der im Jahr 2004 Nachfolger von Rudi Völler wurde, und sein Assistenztrainer Joachim Löw beobachten die deutschen Spieler von der Tribüne oder vor dem Fernseher. Wenn ein Spieler über einen längeren Zeitraum sehr gute Leistungen bringt, hat er gute Chancen, ins Nationalteam berufen zu werden.
Sehr häufig bekommen die beiden auch Tipps von anderen Trainern. Wichtig sind zum Beispiel Hinweise über gute deutsche Spieler, die im Aus-

Nationaltrainer

Professor Otto Nerz	1923 bis 1936
Sepp Herberger	1936 bis 1964
Helmut Schön	1964 bis 1978
Jupp Derwall	1978 bis 1984
Franz Beckenbauer	1984 bis 1990
Berti Vogts	1990 bis 1998
Erich Ribbeck	1998 bis 2000
Rudi Völler	2000 bis 2004
Jürgen Klinsmann	seit 2004

Das DFB-Team

Die deutsche Nationalmannschaft repräsentiert den DFB (Deutscher Fußball-Bund) auf internationaler Ebene und tritt gegen andere Länderteams an. Sie wird oft auch „Auswahlmannschaft" genannt, weil nur ausgewählte, also die Top-Spieler, das Nationaltrikot tragen dürfen. Es ist eine große Auszeichnung, zu dieser Mannschaft zu gehören.

» *Fußball ist ein einfaches Spiel von 22 Leuten, die rumlaufen, den Ball spielen, und einem Schiedsrichter, der eine Reihe dummer Fehler macht, und am Ende gewinnt immer Deutschland.*

Gary Lineker

land spielen. Übrigens gibt es auch einen speziellen Torwarttrainer: Über viele Jahre hinweg war das Sepp Maier, zurzeit ist es der frühere Nationaltorhüter Andreas Köpke.

Jürgen Klinsmann hat die schwierige Aufgabe, sein Team auf die Weltmeisterschaft 2006 im eigenen Land vorzubereiten. Er setzt vor allem auf junge Talente.

Weltmeisterschaften

Die alle vier Jahre stattfindenden Weltmeisterschaften sind die sportlichen Höhepunkte im Leben der Fußballfans. Gern erinnern sich die Menschen in aller Welt über viele Jahre an die herausragenden Ereignisse während der Turniere. Viele davon, wie zum Beispiel die folgenden, bleiben für immer unvergessen.

Das Wunder von Bern
Nach dem Zweiten Weltkrieg durften die Deutschen 1954 zum ersten Mal wieder an einer Weltmeisterschaft teilnehmen. Als Außenseiter schaffte es die Mannschaft Sepp Herbergers bis ins Finale in Bern. Hier traf das Team auf Ungarn, das damals als fast unbesiegbar galt. Deutschland gewann sensationell mit 3:2 und wurde zum ersten Mal Weltmeister. Der Sieg ging als „Wunder von Bern“ in die Geschichte ein.
Finale 1954: Ungarn–Deutschland 2:3

1954

Das Wembley-Tor
Im WM-Finale 1966 zwischen England und Deutschland im Londoner Wembley-Stadion erzielte die englische Nationalmannschaft beim Stand von 2:2 in der Verlängerung das berühmte Wembley-Tor – oder auch nicht (→ Seite 19). Denn der Ball sprang von der Unterseite der Querlatte zurück auf den Boden. Doch keiner erkannte, ob der Ball vor, auf oder hinter der Torlinie aufsprang, auch der Schiedsrichter nicht. Er überließ die Entscheidung dem Linienrichter und der entschied auf Tor. Bis heute ist die Szene nicht eindeutig geklärt.
Finale 1966: Deutschland–England 2:4 n.V.

1966

Kaiser gegen König
1974 wurde Deutschland zum zweiten Mal Weltmeister. Im Finale in München trafen mit den beiden Mannschaften Deutschland und Holland auch die beiden besten Spieler ihrer Zeit aufeinander. Franz Beckenbauer mit dem Spitznamen „der Kaiser“ und Johan Cruyff, den man „König Johan“ nannte.
Finale 1974: Deutschland–Holland 2:1

1974

Die „Schmach" von Cordoba

In der zweiten Finalrunde der WM 1978 in Argentinien traf der amtierende Weltmeister Deutschland auf seinen Nachbarn Österreich. Dessen Stürmer Hans Krankl erzielte zwei Minuten vor Spielschluss den 3:2-Siegtreffer für Österreich. Deutschland schied überraschend aus dem Turnier aus.

Gruppenspiel 1978: Deutschland–Österreich 2:3

1978

Dramatisches Halbfinale

Im Halbfinale der WM 1982 lag Deutschland in der Verlängerung schon 3:1 gegen Frankreich zurück, als sich der leicht verletzte Stürmer Karl-Heinz Rummenigge selbst einwechselte und dann den Anschlusstreffer erzielte. Klaus Fischer glich zum 3:3 aus und rettete die deutsche Mannschaft ins Elfmeterschießen. Hier parierte der deutsche Torhüter Harald (Toni) Schumacher zwei Strafstöße und verhalf seinem Team zum Einzug ins Finale.

Halbfinale 1982: Deutschland–Frankreich 3:3 n.V./ 5:4 n.E.

1982

Müdes Deutschland

Nach dem dramatischen Halbfinalspiel gegen Frankreich traf die Elf von Trainer Jupp Derwall im Endspiel auf Italien. Hier hatten die „müden Deutschen" keine Chance und unterlagen mit 3:1.

Finale 1982: Italien–Deutschland 3:1

1982

Das Maradona-Turnier

Der Fußballzauberer Diego Maradona war der entscheidende Spieler seiner Mannschaft beim Titelgewinn der Argentinier in Mexiko. Mit seinem brillanten Pass fünf Minuten vor Schluss gab er die Vorlage zum 3:2-Siegtreffer, nachdem Rudi Völler mit seinem Tor zum 2:2 in der 83. Minute wieder für Hoffnung im deutschen Team gesorgt hatte.

Finale 1986: Argentinien–Deutschland 3:2

1986

Weltmeisterschaften

Der letzte deutsche WM-Sieg
Nach einem dramatischen Sieg gegen die Niederlande im Achtelfinale und einem Elfmeterkrimi gegen England im Halbfinale stand Deutschland im Finale gegen Argentinien. Hier entschied der Strafstoß von Andreas Brehme das Spiel im Olympiastadion von Rom. Deutschland war zum dritten Mal nach 1954 und 1974 Weltmeister.
Finale 1990: Deutschland–Argentinien 1:0

1990

Die besseren Elfmeterschützen
Zwar war Brasilien insgesamt die beste Mannschaft der WM in den USA. Im Endspiel tat sie sich aber schwer gegen Italien. Erst im Elfmeterschießen fiel die Entscheidung: Der Italiener Roberto Baggio schoss den Ball über die Querlatte. Brasilien jubelte.
Finale 1994: Brasilien–Italien 0:0 n.V./ 3:2 n.E.

1994

Die rote Karte
1998 schied Deutschland im Viertelfinale gegen Kroatien aus. Entscheidend geschwächt wurde das Team durch den umstrittenen Platzverweis gegen Christian Wörns in der 40. Minute. Kroatien nutzte die Überzahl aus und kam so zu einem klaren 3:0-Erfolg.
Viertelfinale 1998: Deutschland–Kroatien 0:3

1998

Gerüchte um Ronaldo
Der brasilianische Superstar Ronaldo spielte im Finale gegen Frankreich so schlecht, dass viele an eine Verschwörung glaubten. Was auch immer der Grund für sein lustloses Spiel war: Ohne seine Tore war Brasilien chancenlos. Frankreich wurde dank seines Regisseurs Zinedine Zidane zum ersten Mal Weltmeister.
Finale 1998: Frankreich–Brasilien 3:0

1998

Favoritensieg
Im Halbfinale traf Deutschland auf den Außenseiter Südkorea. Tragischer Held des Spiels war Michael Ballack, der mit einer gelben Karte bestraft wurde und für das Finale gesperrt war. Ausgerechnet er schoss jedoch in der 75. Minute Deutschland ins Finale.
Halbfinale 2002: Südkorea–Deutschland 0:1

2002

Kahn im Pech
Im Finale standen sich die erfolgreichsten Mannschaften der WM-Geschichte erstmals bei einer Weltmeisterschaft gegenüber. Nach einem Fehler von Oliver Kahn erzielte Ronaldo in der 67. Minute das 1:0 und sorgte in der 79. Minute für die vorzeitige Entscheidung.
Finale 2002: Brasilien–Deutschland 2:0

2002

Europameisterschaften

Ebenfalls alle vier Jahre finden die Fußball-Europameisterschaften statt. Neben der Weltmeisterschaft ist der europäische Wettbewerb das wichtigste internationale Turnier. In Europa gibt es schließlich auch jede Menge erfolgreicher Nationalmannschaften.

Trauriger Uli Hoeneß
Deutschland konnte in der regulären Spielzeit einen 0:2-Rückstand aufholen. Beim Stand von 2:2 ging es in die Verlängerung und auch ins Elfmeterschießen. Hier trat Uli Hoeneß beim Stand von 3:4 den Ball weit über das Tor – und Deutschland verlor.
Finale 1976: CSSR–Deutschland 2:2 n.V./ 5:3 n.E.

1976

Die perfekte Abseitsfalle
Auch dank ihrer hervorragend ausgeübten Abseitsfalle schafften es die Belgier bis ins Finale. Mit seinen beiden Treffern zum 1:0 und 2:1 konnte Horst Hrubesch vom HSV diese jedoch zweimal überwinden. Und so hieß der Europameister am Ende Deutschland.
Finale 1980: Deutschland–Belgien 2:1

1980

Frankreichs erster Titel
Michel Platini war der Superstar der französischen Elf. Er erzielte mit einem Freistoß auch den ersten Treffer im Finale. Trotz Unterzahlspiel (ein Franzose sah fünf Minuten vor Spielschluss Rot) erhöhte Frankreich kurz vor Spielende noch auf 2:0.
Finale 1984: Frankreich–Spanien 2:0

1984

Nachbarschaftsduell
Im Mittelpunkt dieses Spiels standen die Zweikämpfe zwischen dem deutschen Verteidiger Jürgen Kohler und dem niederländischen Stürmer Marco van Basten. Nach dem Führungstor von Lothar Matthäus foulte Kohler zunächst van Basten im Strafraum (Elfmeter). Kurz vor Schluss war Kohler dann zu langsam, um van Basten am Siegtor zu hindern.
Halbfinale 1988: Deutschland–Niederlande 1:2

1988

Dänisches Fußballmärchen
Dänemark war eigentlich gar nicht für die EM qualifiziert. Das Land spielte dann aber als Ersatz für Jugoslawien, das wegen Unruhen in seiner Heimat nicht starten durfte. Die Dänen spielten im Turnier unbekümmert auf und siegten auch im Finale.
Finale 1992: Dänemark–Deutschland 2:0

1992

Erstes Golden Goal
Nach dem knappen Halbfinalsieg gegen England (1:1 n.V./5:4 n.E.) wurde Oliver Bierhoff zum Held des Finales. Zunächst durch seinen Ausgleichstreffer mit dem Kopf, danach durch das erste Golden Goal der EM-Geschichte in der Nachspielzeit. Es war der erste Titelgewinn für Trainer Berti Vogts.
Finale 1996: Deutschland–Tschechien 2:1 nach Golden Goal

1996

Glückliche Franzosen
Im Finale 2000 sah Italien schon wie der sichere Sieger aus. Denn bis kurz vor Schluss führte die Mannschaft mit 1:0. Dann trafen die Franzosen und retteten sich in die Verlängerung. In der 103. Minute erzielte der Franzose Trezéguet mit einem Volleyschuss das zweite Golden Goal einer EM.
Finale 2000: Frankreich–Italien 2:1 nach Golden Goal

2000

„Rehhakles"
Damit hatte keiner gerechnet: Dem klaren Außenseiter Griechenland gelang eine große Überraschung. Das Team des deutschen Trainers Otto Rehhagel spielte sich bis ins Finale – und in die Herzen der Zuschauer. Selbst Gastgeber Portugal hatte im Finale keine Chance.
Finale 2004: Portugal–Griechenland 0:1

2004

Fußballzwerge

Als „Wunder von Gijon" ging das 2:1 von „David" Algerien über den amtierenden Europameister „Goliath" Deutschland bei der WM 1982 in Spanien in die Fußballgeschichte ein.

David gegen Goliath

Kennst du die Geschichte aus der Bibel vom kleinen David, der mit seiner Steinschleuder den riesigen Goliath zur Strecke brachte? Beim Fußball wird der Begriff „David gegen Goliath" immer dann verwendet, wenn ein kleines, unterlegenes Team auf eine große Spitzenmannschaft trifft. Häufig werden diese kleinen Teams auch Fußballzwerge genannt.

Kleinstaaten

Unter den Nationalmannschaften gibt es nicht gerade wenige dieser Fußballzwerge. Unzählige Kleinstaaten auf der Erde zählen nur ein paar tausend Einwohner. Aber weil Fußball ein so beliebter und verbreiteter Sport ist, haben viele dieser Staaten eine eigene Nationalmannschaft – und die ist bei internationalen Wettbewerben ebenso spielberechtigt wie die der großen Fußballnationen. Oft kommt es in Qualifikationsspielen deshalb zum Match „David gegen Goliath", Klein gegen Groß. Leider „überleben" nur wenige Außenseiterteams die Qualifikation zu einer Welt- oder Europameisterschaft.

Die Großen ärgern

Doch ab und zu gelingt es solch einem Fußballzwerg, bis in die Endrunde eines internationalen Turniers vorzustoßen. Und kommt dann tatsächlich bei einem Spiel ein „Fußball-Goliath" zu Fall, ist die Begeisterung groß. Nicht nur im Land des Fußballzwergs. Überall freut man sich über den Erfolg des Außenseiters. Natürlich nicht im Land des Verlierers!

Die Weltmeisterschaft in Deutschland

Steckbriefe der deutschen WM-Spieler

Eine Weltmeisterschaft im eigenen Land erlebt jeder Spieler höchstens einmal in seiner Karriere. Zum zweiten Mal nach 1974 richtet Deutschland im Jahr 2006 den Worldcup aus, und jeder deutsche Spieler wäre gern mit dabei. Wer kann sich am Ende glücklich schätzen, in den WM-Kader aufgenommen zu werden? Hier findest du die möglichen Top-Kandidaten (Stand: Oktober 2005).

Verein: Bayern München
Geboren: 15.6.1969
Größe: 188 cm
Länderspiele: 80

Verein: Arsenal London
Geboren: 10.11.1969
Größe: 190 cm
Länderspiele: 25

Verein: VfB Stuttgart
Geboren: 5.4.1979
Größe: 185 cm
Länderspiele: 3

Verein: Hertha BSC Berlin
Geboren: 29.5.1979
Größe: 185
Länderspiele: 29

Verein: VfB Stuttgart
Geboren: 26.3.1982
Größe: 183 cm
Länderspiele: 15

Verein: VfB Stuttgart
Geboren: 5.4.1982
Größe: 183 cm
Länderspiele: 9

Verein: Chelsea London
Geboren: 18.8.1984
Größe: 187 cm
Länderspiele: 11

Verein: Bayern München
Geboren: 11.11.1983
Größe: 170 cm
Länderspiele: 15

Verein: Hannover 96
Geboren: 29.9.1984
Größe: 196 cm
Länderspiele: 12

Verein: Borussia Dortmund
Geboren: 10.5.1972
Größe: 184 cm
Länderspiele: 64

Steckbriefe der deutschen WM-Spieler

Verein: Bayern München
Geboren: 26.9.1976
Größe: 189 cm
Länderspiele: 57

Verein: Werder Bremen
Geboren: 2.5.1980
Größe: 194 cm
Länderspiele: 10

Verein: Bayern München
Geboren: 5.1.1980
Größe: 182 cm
Länderspiele: 29

Verein: Schalke 04
Geboren: 30.5.1979
Größe: 183 cm
Länderspiele: 20

Verein: Werder Bremen
Geboren: 22.11.1976
Größe: 182 cm
Länderspiele: 44

Verein: Bayer Leverkusen
Geboren: 17.11.1973
Größe: 176 cm
Länderspiele: 53

Verein: Schalke 04
Geboren: 3.10.1978
Größe: 180 cm
Länderspiele: 33

Verein: Werder Bremen
Geboren: 9.6.1978
Größe: 182 cm
Länderspiele: 46

Verein: Bayern München
Geboren: 1.8.1984
Größe: 180 cm
Länderspiele: 18

Verein: Schalke 04
Geboren: 2.3.1982
Größe: 190 cm
Länderspiele: 29

Verein: 1. FC Köln
Geboren: 4.6.1985
Größe: 180 cm
Länderspiele: 15

WM-Teilnehmer

Fußballfans auf der ganzen Welt freuen sich auf die Weltmeisterschaft im Jahr 2006. Doch bevor der erste Anstoß in diesem Turnier ausgeführt wird, müssen sich die Mannschaften aus allen Teilen der Welt erst einmal für diesen spannenden Wettbewerb qualifizieren.

Der Weg zur WM

Bis die Teams die Endrunde der Fußball-Weltmeisterschaft erreichen, müssen sie schon auf ihrem jeweiligen Kontinent jede Menge Spiele hinter sich gebracht – und gewonnen! – haben. Am Ende qualifizieren sich 32 Mannschaften für die Teilnahme am größten Fußballturnier der Welt!

Gastgeber Deutschland

Das Land oder die Länder, die eine WM ausrichten, sind immer automatisch qualifiziert. Trotzdem bereitet sich die deutsche Nationalmannschaft in vielen Länderspielen auf die WM im eigenen Land vor. Neben einigen Freundschaftsspielen waren auch die Spiele des Konföderationen-Pokals (Confed Cup) ein wichtiger Teil der Vorbereitung.

Die deutsche Fußball-Nationalmannschaft vor dem Halbfinalspiel beim Confederations Cup gegen Weltmeister Brasilien

Deutschland

WM-Teilnahmen: 15
WM-Erfolge: Weltmeister 1954, 1974, 1990

Europa

Neben Deutschland sind für die Mannschaften aus Europa weitere 13 Plätze bei der Weltmeisterschaft reserviert. Die hier abgebildeten Mannschaften haben sich qualifiziert.

Italien

WM-Teilnahmen: 15
WM-Erfolge: Weltmeister 1934, 1938, 1982

Die italienische Nationalmannschaft vor dem Vorrundenspiel gegen Dänemark bei der EM 2004

Die Spieler der niederländischen Nationalmannschaft vor dem EM-Viertelfinalspiel gegen Schweden im Juni 2004

Niederlande

WM-Teilnahmen: 7
WM-Erfolge: Vize-Weltmeister 1974, 1978

Die Spieler der englischen Nationalmannschaft vor dem Viertelfinalspiel gegen Brasilien bei der WM 2002

England

WM-Teilnahmen: 11
WM-Erfolge: Weltmeister 1966

WM-Teilnehmer

Die Spieler der portugiesischen Nationalmannschaft bei der EM 2004

Portugal

WM-Teilnahmen: 3
WM-Erfolge:
Dritter 1966

Die kroatische Fußball-Nationalmannschaft vor dem WM-Viertelfinalspiel gegen Deutschland bei der WM 1998

Kroatien

WM-Teilnahmen: 2
WM-Erfolge:
Dritter 1998

Ukraine

WM-Teilnahmen: keine
WM-Erfolge: keine

Das Nationalteam der Ukraine vor einem WM-Relegations-Hinspiel gegen Deutschland im November 2001

Tschechien

WM-Teilnahmen: 8
WM-Erfolge: Vize-Weltmeister 1934, 1962

Die Spieler der tschechischen Nationalmannschaft im Juni 2005 vor dem WM-Qualifikationsspiel gegen Mazedonien

Außerdem sind aus Europa dabei: Frankreich, Polen, Schweden, Schweiz, Serbien und Montenegro, Spanien.

Südamerika

Aus Südamerika haben sich vier Mannschaften für die Weltmeisterschaft qualifiziert. Neben den hier abgebildeten Mannschaften ist auch Ecuador mit dabei.

Das Team der Argentinier vor dem Eröffnungsspiel des Confederations Cups im Juni 2005

Argentinien

WM-Teilnahmen: 13
WM-Erfolge:
Weltmeister 1978, 1986

Die Spieler der brasilianischen Nationalmannschaft beim Confederations Cup im Juni 2005

Brasilien

WM-Teilnahmen: 17
WM-Erfolge: Weltmeister 1958, 1962, 1970, 1994, 2002

Die Spieler der paraguayischen Mannschaft bei den Olympischen Spielen 2004

Paraguay

WM-Teilnahmen: 6
WM-Erfolge:
Achtelfinale 1998, 2002

WM-Teilnehmer

Mittel-/Nordamerika, Karibik

Die Nord-, Mittelamerika- und Karibikzone entsendet vier Mannschaften zur Weltmeisterschaft. Neben den hier abgebildeten Mannschaften hat sich zusätzlich Trinidad/Tobago qualifiziert.

Die Nationalspieler aus Costa Rica bei den Olympischen Spielen 2004

Costa Rica

WM-Teilnahmen: 2
WM-Erfolge:
Achtelfinale 1990

USA

WM-Teilnahmen: 7
WM-Erfolge:
Halbfinale 1930

Die Fußball-Nationalmannschaft der USA vor einem Länderspiel gegen Deutschland im März 2002

Die Mannschaft aus Mexiko im Juni 2005 vor dem Confederations Cup-Spiel gegen Weltmeister Brasilien

Mexiko

WM-Teilnahmen: 12
WM-Erfolge:
Viertelfinale 1970, 1986

Ozeanien, Afrika, Asien

Die Afrikazone entsendet fünf Vertreter zur Weltmeisterschaft, Asien vier Mannschaften, die Ozeanienzone ein Team. Außer den abgebildeten Mannschaften sind dabei: Angola, Ghana, Togo, Elfenbeinküste, Süd-Korea, Saudi-Arabien.

Iran

WM-Teilnahmen: 2
WM-Erfolge: keine

Die Spieler der iranischen Nationalmannschaft vor einem Länderspiel gegen Deutschland m Oktober 2004

Australien

WM-Teilnahmen: 1
WM-Erfolge: keine

Das australische Nationalteam beim Confederations Cup vor dem Spiel gegen Argentinien im Juni 2005

Die japanische Nationalmannschaft beim Confederations Cup im Juni 2005

Japan

WM-Teilnahmen: 2
WM-Erfolge: Achtelfinale 2002

Tunesien

WM-Teilnahmen: 3
WM-Erfolge: keine

Die tunesische Fußball-Nationalmannschaft (Afrika-Meister) beim Confederations Cup im Juni 2005

Spielorte und Stadien

Von München bis Hamburg und von Köln bis Leipzig haben sich die Städte und Stadien* für das größte Fußballturnier der Welt herausgeputzt.

Dortmund
Westfalenstadion

Gelsenkirchen
Veltins Arena

Köln
RheinEnergieStadion

Frankfurt
Commerzbank Arena

Kaiserslautern
Fritz-Walter-Stadion

Stuttgart
Gottlieb-Daimler-Stadion

*Während der Fußball-WM haben einige Stadien andere Bezeichnungen.

Hamburg
AOL Arena

Berlin
Olympiastadion

Hannover
AWD Arena

Leipzig
Zentralstadion

Nürnberg
Franken-Stadion

München
Allianz Arena

Der Pokal

Bei der Weltmeisterschaft 2002 durfte Rekordweltmeister Brasilien den Pokal erneut in Empfang nehmen.

Die bedeutendste Trophäe der Welt – der golden glitzernde FIFA-Weltpokal. Rekordweltmeister Brasilien durfte den Vorgängerpokal, den „Coupe Jules Rimet", nach den Titelgewinnen 1958, 1962 und 1970 für immer behalten. Daraufhin gab der Weltfußballverband eine neue Trophäe in Auftrag. Der heutige Pokal ist 36 Zentimeter hoch, wurde aus 18-karätigem Gold hergestellt und wiegt 4970 Gramm. Im Sockel sind zwei Kränze von grünen Halbedelsteinen eingelegt.
Als erster Spielführer nahm Franz Beckenbauer den neuen Pokal nach dem Gewinn des WM-Titels im Jahr 1974 in München in Empfang.

Fußball online

Das Internet bietet fast unbegrenzte Möglichkeiten, sich über das Thema Fußball zu informieren. Diese Chance solltet ihr euch nicht entgehen lassen. Hier ein paar Tipps für schnelle Klicks:

www.fifa.com
Homepage des Weltfußballverbands, auch in deutscher Sprache; guter Überblick über das Spiel, die neuesten Regeln, aktuelle Spielergebnisse internationaler Länderturniere, Infos zu den Nationalmannschaften und vieles mehr.

www.dfb.de
Die offizielle Webseite des Deutschen Fußball-Bundes: von der Bundesliga bis zum Amateurfußball. Weitere Themen: Nationalmannschaften, Jugendfußball, Trainingstipps, Talentförderung …

www.fussball.de
Topaktueller Ergebnisdienst aller Spiele des großen und kleinen Fußballs – auch international. Jeder Verein bis hinunter zur untersten Spielklasse ist verpflichtet, seine Spielergebnisse hier einzutragen.

www.kicker.de
Die Online-Ausgabe des größten deutschen Fußballmagazins „Kicker“: Vereinsinfos, aktuelle Nachrichten, Spielertransfer, Ergebnisse, Tippspiele und vieles mehr.

bundesliga.usm.de
Privates Portal mit Zugang zu allen offiziellen und sämtlichen Fan-Seiten der deutschen Fußball-Bundesliga.

www.fussballD21.de
Fachportal für den Jugendfußball: Stars verraten ihre besten Tricks, es gibt eine Spielekiste, Ballschule und viele, viele Trainingstipps.

www.oefb.at
Offizielle Seite des Österreichischen Fußballs-Bundes und der österreichischen Nationalmannschaft: aktuelle Informationen, Teamnachrichten, Ticketverkauf.

www.football.ch
Internetseite des Schweizerischen Fußballverbands: alles über die Nationalmannschaften, die Swiss Football League und andere Ligen.

Register

Bildnachweis

o. = oben, u. = unten, r. = rechts, l. = links, M. = Mitte, H. = Hintergrund

Umschlag: picture-alliance/dpa; aflo/f1 online; adidas-Salomon AG, Herzogenaurach

Innenteil: adidas-Salomon AG, Herzogenaurach: S. 12 l./u., 13 l. o./M./u.; AFP/Getty Images: S. 38 o.; Bongarts/Getty Images: S. 5, 17, 18, 22 l., 23 o., 24 l., 34/35 o., 37, 38 u., 40, 48 o., 49 u., 50 u., 51 o., 53, 61, 64 o., 73 o., 83 u., 84 M., 89 o. l., 93 o., 94 o. r., 95 o. r., 99, 102 o., 113, 116 o., 118 M., 119 o./M., 121 o., 134 (4. von oben), 136; Foto Rauchensteiner: S. 124–127; Getty Images/Hulton Collection: S. 8/9 u.; Getty Images/Stone: S. 37, 36/37 H.; Getty Images: S. 9 M., 13 r., 60/61 H., 85 u.; Harder, Alfred: S. 11, 19 u., 34 u., 48 u., 90 o., 91, 94 u., 106, 108, 109; irisblende: S. 52/53 H., 139; istockphoto: S. 28 H., 94/95 H.; mauritius images/ A.G.E.: S. 58, 59, 87; picture-alliance/akg: S. 8, 9 o.; picture-alliance/APA: S. 78, 79; picture-alliance/ASA: S. 12/13, 16, 20, 21 u., 66 o., 68 u., 76 u., 76/77 H., 82 u., 86 u., 88, 90 u., 95 u., 97, 98 o./u., 102 M., 105, 135 (2. von oben); picture-alliance/dpa: S.1, 2/3, 9 r. u., 10, 14/15, 19 o., 21 u., 22 u., 23 u., 24 r., 25, 26, 29, 30/31, 32, 32/33 u., 34 l. o., 35 M./u., 36, 39, 41, 42 u., 43, 44, 45, 46, 47, 49 o., 50 o., 51 u., 52, 55, 56, 57, 60, 62, 63, 64 u., 65, 66 u., 67, 68 M., 69, 70, 71, 72, 73 M./u., 74, 75, 77 u., 82 o., 83 o./M., 84 o./u., 85 o., 86 o., 89 o. r., 92, 92/93 u., 94 o. l., 95 o. l., 96, 98 M., 100, 101, 102 u., 103, 104, 107, 110, 111, 112, 114, 115, 116 M./u., 117, 118 o./u., 119 u., 120, 121 M./M./u., 122, 123, 128, 129, 130, 131, 132, 133, 134 (1., 2., 3., 5., 6. von oben), 135 (1., 3., 4., 5., 6. von oben); pressebilder.ch/Matthias Zysett: S. 80 o.; pressebilder.ch/Patrick Straub: S. 80 u.; www.gcz.ch: S. 81; zefaimages/joSon: S. 7; zefaimages/masterfile/Zoran Milich: S. 33 o.; zefaimages/stockbyte: 42 o.

Bibliografische Information Der Deutschen Bibliothek

Die Deutsche Bibliothek verzeichnet diese Publikation in der Deutschen Nationalbibliografie; detaillierte bibliografische Daten sind im Internet über **http://dnb.ddb.de** abrufbar.

4 3 2 1 09 08 07 06

Text: Stephan Faust
Illustration: Dietmar Lautenbach
Redaktionelle Leitung: Sabine Zürn
Redaktion, Layout und Umsetzung: Claudia Fahlbusch, Petra Kita

Printed in Germany

ISBN 3-473-55100-7

www.ravensburger.de

Spielplan

zur Fußball-Weltmeisterschaft 2006

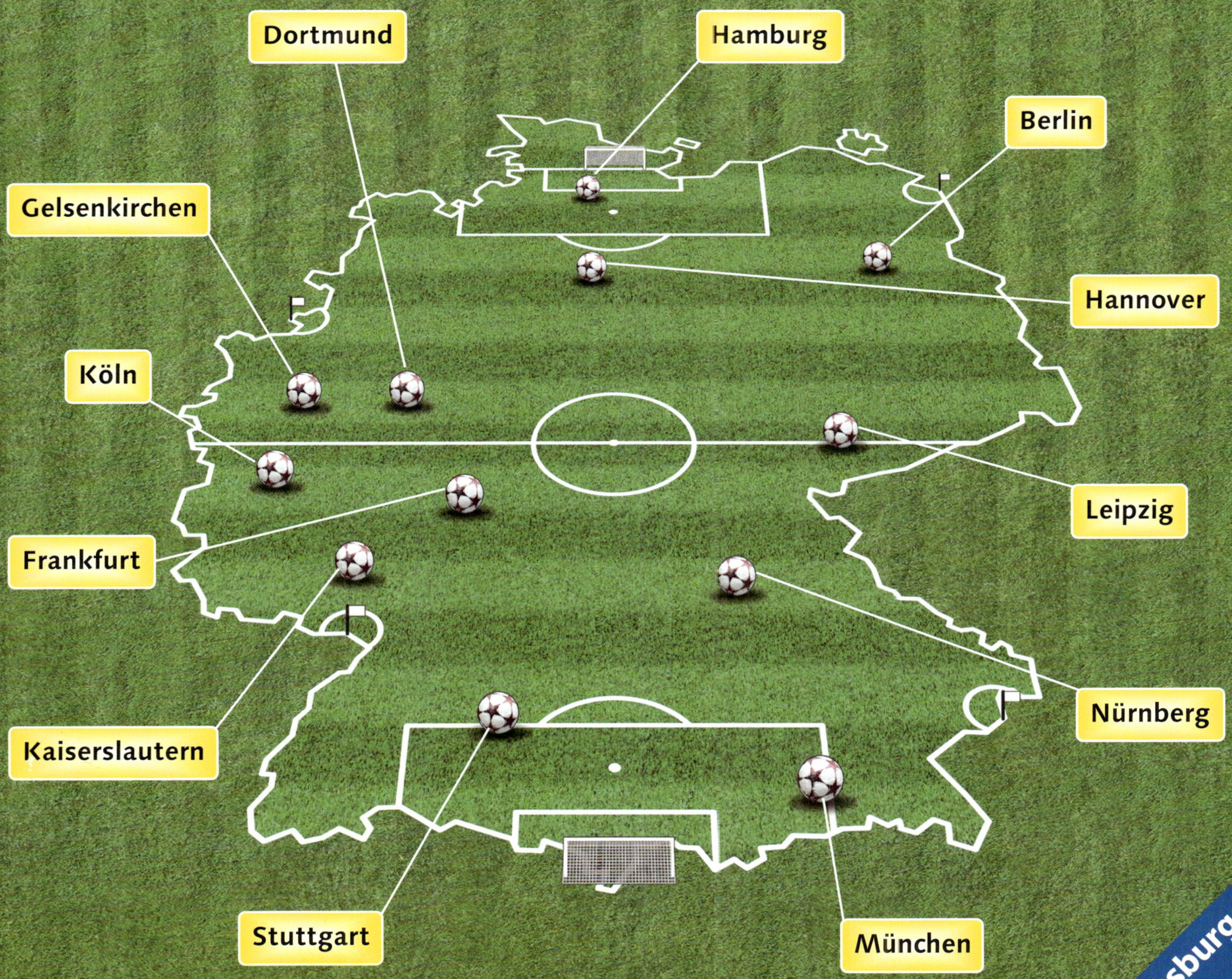

Ravensburger

		Gruppe A				Wann	Ort
4	Deutschland	:	Costa Rica	2		09.06.	München
0	Polen	:	Ecuador	2		09.06.	Gelsenkirchen
1	Deutschland	:	Polen	0		14.06.	Dortmund
3	Ecuador	:	Costa Rica	0		15.06.	Hamburg
0	Ecuador	:	Deutschland	3		20.06.	Berlin
1	Costa Rica	:	Polen	2		20.06.	Hannover

Wertung Gruppe A	S	U	N	Punkte	Tore
1. Deutschland	3	0	0	9	8 : 2
2. Ecuador	2	0	1	6	5 : 3
3. Polen	1	0	2	3	2 : 4
4. Costa Rica	0	0	3	0	3 : 9

		Gruppe B			Wann	Ort
0	Trinidad & Tobago	:	Schweden	0	10.06.	Dortmund
1	England	:	Paraguay	0	10.06.	Frankfurt
1	Schweden	:	Paraguay	0	15.06.	Berlin
2	England	:	Trinidad & Tobago	0	15.06.	Nürnberg
2	Paraguay	:	Trinidad & Tobago	0	20.06.	Kaiserslautern
2	Schweden	:	England	2	20.06.	Köln

Wertung Gruppe B	S	U	N	Punkte	Tore
1. England	2	1	0	7	5 : 2
2. Schweden	1	2	0	5	3 : 2
3. Paraguay	1	0	2	3	2 : 2
4. Trinidad & Tobago	0	1	2	1	0 : 4

		Gruppe E			Wann	Ort
0	USA	:	Tschechien	3	12.06.	Gelsenkirchen
2	Italien	:	Ghana	0	12.06.	Hannover
1	Italien	:	USA	1	17.06.	Kaiserslautern
0	Tschechien	:	Ghana	2	17.06.	Köln
0	Tschechien	:	Italien	2	22.06.	Hamburg
2	Ghana	:	USA	1	22.06.	Nürnberg

Wertung Gruppe E	S	U	N	Punkte	Tore
1. Italien	2	1	0	7	5 : 1
2. Ghana	2	0	1	6	4 : 3
3. Tschechien	1	0	2	3	3 : 5
4. USA	0	1	2	1	2 : 6

		Gruppe F			Wann	Ort
3	Australien	:	Japan	1	12.06.	Kaiserslautern
1	Brasilien	:	Kroatien	0	13.06.	Berlin
2	Brasilien	:	Australien	0	18.06.	München
0	Japan	:	Kroatien	0	18.06.	Nürnberg
1	Japan	:	Brasilien	4	22.06.	Dortmund
2	Kroatien	:	Australien	2	22.06.	Stuttgart

Wertung Gruppe F	S	U	N	Punkte	Tore
1. Brasilien	3	0	0	9	7 : 1
2. Australien	1	1	1	4	5 : 5
3. Croatien	0	2	1	2	2 : 3
4. Japan	0	1	2	1	2 : 7

Achtelfinale			Wann	Ort
Deutschland	2 : 0	Schweden	24.06.	München
Argentinien	2 : 1	Mexiko	24.06.	Leipzig
England	1 : 0	Ecuador	25.06.	Stuttgart
Portugal	1 : 0	Niederlande	25.06.	Nürnberg
Italien	1 : 0	Australien	26.06.	Kaiserslautern
Schweiz	0 : 0	Ukraine	26.06.	Köln
Brasilien	3 : 0	Ghana	27.06.	Dortmund
Spanien	:	Frankreich	27.06.	Hannover

Viertelfinale			Wann	Ort
Deutschland	:	Argentinien	30.06.	Berlin
Italien	:	Ukraine	30.06.	Hamburg
England	:	Portugal	01.07.	Gelsenkirchen
Brasilien	0 : 1	Frankreich	01.07.	Frankfurt

Gruppe C

Gruppe C			Wann	Ort
Argentinien	:	Elfenbeinküste	10.06.	Hamburg
Serbien und Montenegro	:	Niederlande	11.06.	Leipzig
Argentinien	:	Serbien und Montenegro	16.06.	Gelsenkirchen
Niederlande	:	Elfenbeinküste	16.06.	Stuttgart
Niederlande	:	Argentinien	21.06.	Frankfurt
Elfenbeinküste	:	Serbien und Montenegro	21.06.	München

Wertung Gruppe C	S	U	N	Punkte	Tore
1.					:
2.					:
3.					:
4.					:

Gruppe D

Gruppe D			Wann	Ort
Angola	:	Portugal	11.06.	Köln
Mexiko	:	Iran	11.06.	Nürnberg
Mexiko	:	Angola	16.06.	Hannover
Portugal	:	Iran	17.06.	Frankfurt
Portugal	:	Mexiko	21.06.	Gelsenkirchen
Iran	:	Angola	21.06.	Leipzig

Wertung Gruppe D	S	U	N	Punkte	Tore
1.					:
2.					:
3.					:
4.					:

Gruppe G

Gruppe G			Wann	Ort
Südkorea	:	Togo	13.06.	Frankfurt
Frankreich	:	Schweiz	13.06.	Stuttgart
Frankreich	:	Südkorea	18.06.	Leipzig
Togo	:	Schweiz	19.06.	Dortmund
Schweiz	:	Südkorea	23.06.	Hannover
Togo	:	Frankreich	23.06.	Köln

Wertung Gruppe G	S	U	N	Punkte	Tore
1.					:
2.					:
3.					:
4.					:

Gruppe H

Gruppe H			Wann	Ort
Spanien	:	Ukraine	14.06.	Leipzig
Tunesien	:	Saudi-Arabien	14.06.	München
Saudi-Arabien	:	Ukraine	19.06.	Hamburg
Spanien	:	Tunesien	19.06.	Stuttgart
Ukraine	:	Tunesien	23.06.	Berlin
Saudi-Arabien	:	Spanien	23.06.	Kaiserslautern

Wertung Gruppe H	S	U	N	Punkte	Tore
1.					:
2.					:
3.					:
4.					:

Halbfinale

Halbfinale			Wann	Ort
	:		04.07.	Dortmund
	:		05.07.	München

Spiel um Platz 3

Spiel um Platz 3			Wann	Ort
	:		08.07.	Stuttgart

Finale

Finale			Wann	Ort
	:		09.07.	Berlin

Ravensburger

Mehr über Fußball findest du in diesen Ravensburger Büchern:

ISBN 3-473-34474-5
SFr. 18,20 € 9,95

ISBN 3-473-32748-4
SFr. 23,60 € 12,95

ISBN 3-473-55100-7
SFr. 26,90 € 14,95

ISBN 3-473-36175-5
SFr. 12,10 € 6,50

ISBN 3-473-36164-X
SFr. 14.00 € 7,50

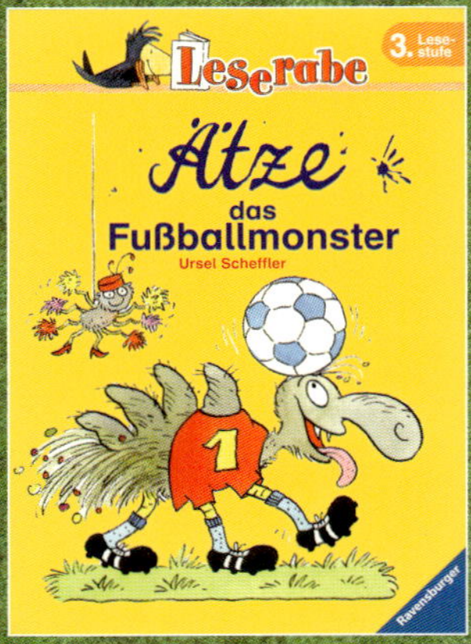

ISBN 3-473-36177-1
SFr. 12,10 € 6,50

ISBN 3-473-32333-0
SFr. 21,40 € 11,95

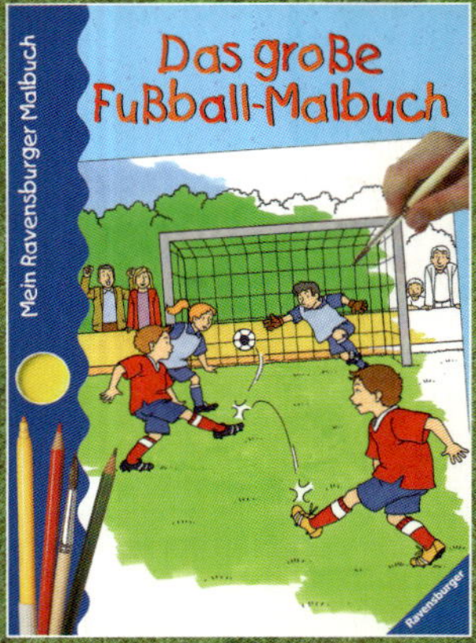

ISBN 3-473-37983-2
SFr. 4,90 € 2,50

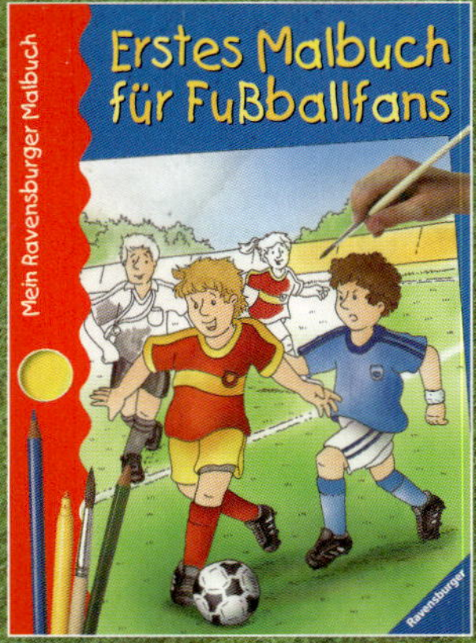

ISBN 3-473-37985-9
SFr. 4,90 € 2,50

ISBN 3-473-35993-9
SFr. 9,20 € 4,95

ISBN 3-473-52292-9
SFr. 9,20 € 4,95

ISBN 3-473-55906-7
SFr. 14.00 € 7,50

ISBN 3-473-55905-9
SFr. 7,50 € 3,95

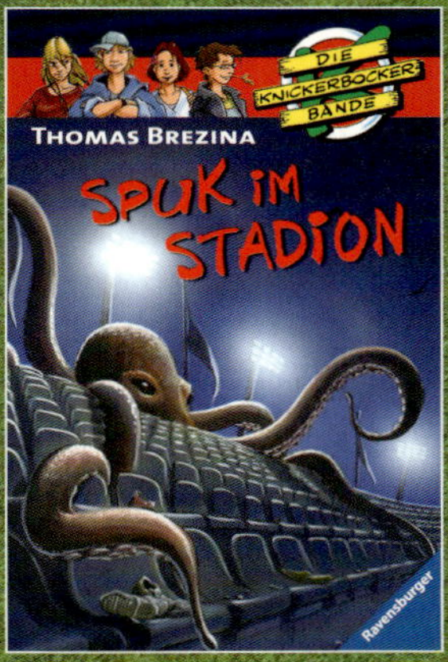

ISBN 3-473-47096-1
SFr. 14,70 € 7,95